Perfect Guide of
Family Camping

首都圏発

＼親子で行きたい！／

ファミリー
キャンプ場

完全ガイド

改訂版

「首都圏発ファミリーキャンプ」
編集室 著

Mates-Publishing

ファミリーキャンプの基礎知識

キャンプの楽しみは、日常生活とは違う場所で家族と一緒に過ごすことです。普段できないたき火をしたり、バーベキューを楽しんだり、テントの中で寝たり、満天の星空を眺めたり……。

ほかにも、昆虫採集、ホタル観賞、アスレチック、フィッシング、川遊び、カヌー、カヤックなど。

キャンプには、日常生活では体験のできないことがいっぱいあります。また、家族みんなで力を合わせて過ごすキャンプは、子どもたちにとっては、新たな発見であり、きっと思い出深いものになることでしょう。

キャンプには、知っておきたい知識やルール、マナーがあります。いくつか、ご紹介しておきます。

【キャンプ用品】

最近は、手ぶらでも行くことができるキャンプ場も多く、「手ぶらでテント宿泊セット」などがあり、ほとんどのキャンプ用品のがレンタルできます。

本誌の中の「手ぶら度チェック!!」や「INFORMATION」を参考にして、事前にチェックしておくといいでしょう。

【サイト】

区画サイトのギリギリにテントを張ったり、「たき火台」を設置すると、隣のサイトに迷惑になります。たき火台の設置場所によっては、煙や火の粉が周りのサイトに流れてしまうこともあります。隣やほかのキャンパーと気持ちよく過ごすためにも、テントやたき火台の設置場所に配慮しましょう。

【共有スペース】

炊事場やシャワー、トイレなどは、大事な共有スペースです。炊事場で残飯を流したりするのは、ご法度。いつも譲り合いの気持ちを持って使いましょう。また、シャワーやトイレも、いつもきれいに使うように心がけましょう。

【子ども】

子どもが広い場内でひとりになって、はぐれてしまったり、また、ほかのサイ

トに入ってしまわないよう、常に大人が付き添い、注意するようにしましょう。

　また、たき火やバーベキューなどをするときは、必ず大人と一緒に楽しみましょう。

【たき火】

　たき火をするときは、「たき火台」を使いましょう。「たき火台」を使わずに地面で火をおこす「直火」をしてしまうと、そこに生えている芝生などのダメージとなります。また、たき火の後の燃え残りの炭や灰を処分することも大事なマナーです。最近は、直火禁止のキャンプ場が多いので気をつけましょう。

【騒音】

　大きい音で音楽を流したり、楽器の演奏などで、周りに迷惑をかけないようにしましょう。日中でも迷惑になることがあるので、ほかのキャンパーと気持ちよく過ごすためにも、音量を控えるようにしましょう。

【消灯時間】

　キャンプ場で夜遅くまで騒ぐのは、NGです。午後9時以降は会話を控えたり、早目に寝るようにしましょう。また、ランタンの明かりを小さくすること

も忘れないように。ランタンを一晩中つけておくと、明るすぎてほかの人の迷惑にもなります。

【ゴミ】

　ゴミは、原則、持ち帰ること。場内で引き取ってもらえる場合も、必ずルールを守って不法投棄などしないようにしましょう。

【交流】

　ほかのキャンパーとの交流は、キャンプをより一層楽しいものにしてくれます。まずはお互いが気持ちよく過ごせるように、挨拶を心がけてみましょう。

　ファミリーキャンプは、子どもがメインです。家族全員が、楽しめてはじめてファミリーキャンプといえます。

　ファミリーキャンプは、子どもがいるので、何をするにも意外と時間がかかります。キャンプ場には、余裕をもって到着し、待っているぐらいのゆとりが欲しいものです。活動時間にも余裕を持ち、子どもと遊ぶ時間を多く持つことが、楽しいファミリーキャンプにつながります。

CONTENTS もくじ

ファミリーキャンプの基礎知識 ……………… 2

エリア別マップ ………………………………… 6

本書の特徴と見方 ……………………………… 8

退屈知らず！
遊び施設が充実

PICAさがみ湖（神奈川県） ………………… 10

オートキャンプ ユニオン（千葉県） ……… 12

イレブンオートキャンプパーク（千葉県） … 14

成田ゆめ牧場ファミリーオートキャンプ場
（千葉県） ……………………………………… 16

奥日立きららの里（茨城県） ……………… 18

CREST north karuizawa（群馬県） ………… 20

森と湖の楽園Workshop Camp Resort（山梨県） … 22

新潟県立こども自然王国 ガルルの丘キャンプ場
（新潟県） ……………………………………… 24

天子の森オートキャンプ場（静岡県） …… 26

気軽に水遊び！
川辺＆湖畔

神之川キャンプ・マス釣り場（神奈川県） ……… 28

滝沢園キャンプ場（神奈川県） …………… 30

みの石滝キャンプ場＆相模湖カヌースクール
（神奈川県） …………………………………… 32

ウォーターパーク長瀞（埼玉県） ………… 34

ケニーズ・ファミリー・ビレッジ／オートキャンプ場
（埼玉県） ……………………………………… 36

なかよしキャンプグラウンド（茨城県） … 38

ナラ入沢渓流釣りキャンプ場（栃木県） ……… 40

無印良品カンパーニャ嬬恋キャンプ場
（群馬県） ……………………………………… 42

PICA富士西湖（山梨県） …………………… 44

PICA山中湖（山梨県） ……………………… 46

田貫湖キャンプ場南側テントサイト（静岡県） … 48

青木湖キャンプ場＆アドベンチャークラブ
（長野県） ……………………………………… 50

無印良品津南キャンプ場（新潟県） ……… 52

川井キャンプ場（東京都） ………………… 54

芦ノ湖キャンプ村レイクサイドヴィラ
（神奈川県） …………………………………… 55

道志の森キャンプ場（山梨県） …………… 56

沢城湖ハートランド牧場キャンプ場（長野県） … 57

古民家ファミリービレッジ キャンプ/バーベキュー場
（埼玉県） ……………………………………… 58

絶好の遊び場が目の前！
海辺

若洲公園キャンプ場（東京都） …………… 60

和島オートキャンプ場（新潟県） ………… 62

ACNオートキャンプ in 勝浦まんぼう（千葉県） … 64

ワイルドキッズ岬オートキャンプ場（千葉県） … 65

宇久須キャンプ場（静岡県） ……………… 66

珍しい生き物や木がいっぱい！
山間

足柄森林公園 丸太の森(神奈川県) ……… 68

有野実苑オートキャンプ場(千葉県) ……… 70

ACNサンタヒルズ(栃木県) ……… 72

赤城山オートキャンプ場(群馬県) ……… 74

ふもとっぱら(静岡県) ……… 76

スノーピークヘッドクォーターズキャンプフィールド
(新潟県) ……… 78

大源太キャニオンキャンプ場(新潟県) ……… 80

小田原市いこいの森
RECAMP おだわら(神奈川県) ……… 82

sotosotodays CAMPGROUNDS(神奈川県) … 83

内浦山県民の森(千葉県) ……… 84

オレンジ村オートキャンプ場(千葉県) ……… 85

豊里ゆかりの森キャンプ場(茨城県) ……… 86

群馬みなかみほうだいぎキャンプ場(群馬県) … 87

片品ほたか牧場キャンプ場(群馬県) ……… 88

ネイチャーランド オム(山梨県) ……… 89

星の森オートキャンプ場(長野県) ……… 90

夏でも涼しく快適！
静かな高原

那須いなか村オートキャンプ場(栃木県) … 92

メープル那須高原キャンプグランド(栃木県) …… 94

皇海山キャンプフォレスト(群馬県) ……… 96

北軽井沢スウィートグラス(群馬県) ……… 98

小平の里キャンプ場(群馬県) ……… 100

大自然に抱かれたキャンプ場 ウッドペッカー
(山梨県) ……… 102

PICA八ヶ岳明野(山梨県) ……… 104

PICA富士ぐりんぱ(静岡県) ……… 106

モビリティーパーク(静岡県) ……… 108

ACN信州伊那谷キャンパーズヴィレッジ
(長野県) ……… 110

いなかの風キャンプ場(長野県) ……… 112

廻り目平キャンプ場(長野県) ……… 114

休暇村妙高笹ヶ峰キャンプ場(新潟県) …… 116

ロッヂ神戸岩(東京都) ……… 118

東京都立奥多摩湖畔公園 山のふるさと村
(東京都) ……… 119

くるみの森キャンプ場(群馬県) ……… 120

上毛高原キャンプグランド(群馬県) ……… 121

スカイバレーキャンプ場(山梨県) ……… 122

大野路ファミリーキャンプ場(静岡県) …… 123

PICA表富士(静岡県) ……… 124

松原湖高原オートキャンプ場(長野県) …… 125

斑尾高原どんぐり村(長野県) ……… 126

疲れがリフレッシュ！
温泉（露天風呂）がある

満願ビレッジオートキャンプ場(埼玉県) …… 128

PICA秩父(埼玉県) ……… 130

大子広域公園 オートキャンプ場 グリンヴィラ
(茨城県) ……… 132

こっこランド那須F.C.G(栃木県) ……… 134

キャンプ・アンド・キャビンズ那須高原
(栃木県) ……… 136

塩原グリーンビレッジ(栃木県) ……… 138

PICA初島(静岡県) ……… 140

※本書は2016年発行の『首都圏発 親子で行きたい！ ファミリーキャンプ場完全ガイド』を元に、内容の確認、情報更新を行い、「改訂版」として新たに発行したものです。

群馬県

1. 赤城山オートキャンプ場 ……… 74
2. 小平の里キャンプ場 ……… 100
3. 片品ほたか牧場キャンプ場 ……… 88
4. 北軽井沢スウィートグラス ……… 98
5. くるみの森キャンプ場 ……… 120
6. CREST north karuizawa ……… 20
7. 群馬みなかみほうだいぎキャンプ場 ……… 87
8. 上毛高原キャンプグランド ……… 121
9. 皇海山キャンプフォレスト ……… 96
10. 無印良品カンパーニャ嬬恋キャンプ場 ……… 42

新潟県

1. 休暇村妙高笹ヶ峰キャンプ場 ……… 116
2. スノーピークヘッドクォーターズキャンプフィールド ……… 78
3. 大源太キャニオンキャンプ場 ……… 80
4. 新潟県立こども自然王国 ガルルの丘キャンプ場 ……… 24
5. 無印良品津南キャンプ場 ……… 52
6. 和島オートキャンプ場 ……… 62

長野県

1. 青木湖キャンプ場＆アドベンチャークラブ ……… 50
2. いなかの風キャンプ場 ……… 112
3. ACN信州伊那谷キャンパーズヴィレッジ ……… 110
4. 沢城湖ハートランド牧場キャンプ場 ……… 57
5. 星の森オートキャンプ場 ……… 90
6. 斑尾高原どんぐり村 ……… 126
7. 松原湖高原オートキャンプ場 ……… 125
8. 廻り目平キャンプ場 ……… 114

山梨県

1. スカイバレーキャンプ場 ……… 122
2. 大自然に抱かれたキャンプ場 ウッドペッカー ……… 102
3. 道志の森キャンプ場 ……… 56
4. ネイチャーランド オム ……… 89
5. PICA富士西湖 ……… 44
6. PICA八ヶ岳明野 ……… 104
7. PICA山中湖 ……… 46
8. 森と湖の楽園Workshop Camp Resort ……… 22

静岡県

1. 宇久須キャンプ場 ……… 66
2. 大野路ファミリーキャンプ場 ……… 123
3. 田貫湖キャンプ場南側テントサイト ……… 48
4. 天子の森オートキャンプ場 ……… 26
5. PICA表富士 ……… 124
6. PICA初島 ……… 140
7. PICA富士ぐりんぱ ……… 106
8. ふもとっぱら ……… 76
9. モビリティーパーク ……… 108

エリア別
マップ

長野

松本

甲府

静岡

新潟

福島

茨城県
1 奥日立きららの里 ……………………… 18
2 大子広域公園オートキャンプ場 グリンヴィラ …132
3 豊里ゆかりの森キャンプ場 ………… 86
4 なかよしキャンプグラウンド ……… 38

栃木県
1 ACNサンタヒルズ ………………… 72
2 キャンプ・アンド・キャビンズ那須高原 …136
3 こっこランド那須F.C.G ……… 134
4 塩原グリーンビレッジ ……………… 138
5 那須いなか村オートキャンプ場 …… 92
6 ナラ入沢渓流釣りキャンプ場 ……… 40
7 メープル那須高原キャンプグランド … 94

千葉県
1 有野実苑オートキャンプ場 ………… 70
2 イレブンオートキャンプパーク …… 14
3 内浦山県民の森 ……………………… 84
4 ACNオートキャンプ in 勝浦まんぼう …64
5 オートキャンプ ユニオン …………… 12
6 オレンジ村オートキャンプ場 ……… 85
7 成田ゆめ牧場ファミリーオートキャンプ場 …16
8 ワイルドキッズ岬オートキャンプ場 …65

東京都
1 川井キャンプ場 ……………………… 54
2 東京都立奥多摩湖畔公園 山のふるさと村 …119
3 ロッヂ神戸岩 ………………………… 118
4 若洲公園キャンプ場 ………………… 60

神奈川県
1 足柄森林公園 丸太の森 …………… 68
2 芦ノ湖キャンプ村レイクサイドヴィラ …55
3 小田原市いこいの森 RECAMP おだわら …82
4 神之川キャンプ・マス釣り場 ……… 28
5 sotosotodays CAMPGROUNDS ……… 83
6 滝沢園キャンプ場 …………………… 30
7 PICAさがみ湖 ……………………… 10
8 みの石滝キャンプ場＆相模湖カヌースクール …32

埼玉県
1 ウォーターパーク長瀞 ……………… 34
2 ケニーズ ファミリー ビレッジ／オートキャンプ場 …36
3 古民家ファミリービレッジ キャンプ/バーベキュー場 …58
4 PICA秩父 …………………………… 130
5 満願ビレッジオートキャンプ場 …… 128

宇都宮

前橋

水戸

さいたま

東京

千葉

横浜

ロケーション

それぞれのキャンプ場の立地条件を示しています。

山間　林間　川辺　海辺　高原　湖畔

開設期間・問い合わせなど

開設期間、予約受付、問い合わせの電話番号、ホームページアドレス、などが記載されています。

手ぶら度チェック!!

「テント」「調理用具」「食材」「寝袋や寝具」「燃料類」をレンタルできるか、購入できるかのチェック表です。

Camp Data

オートキャンプ可、デイキャンプ可、宿泊施設あり、売店あり、食堂あり、レンタルあり、AC電源あり、水洗トイレあり、シャワー・風呂あり、遊び場あり、風呂・温泉あり、Wi-Fiありの場合は、カラー＆文字表記しています。該当しない場合は、グレー＆文字表記なしです。

親子で楽しむメニュー

子連れにおすすめ

親子で楽しめるメニューをそれぞれ「スポーツ」「スクール」「ネイチャー」に分けて表記してあります。

利用料金

入場料、駐車料金、サイト料金を表示してあります。オートキャンプ、デイキャンプのほか、バンガローやロッジ、トレーラーなどの料金も表示してあります。

INFORMATION

チェックイン、チェックアウト、管理人、レンタルと料金、売店・食堂、コインランドリー・自動販売機・風呂などの設備、ゴミの処分方法、そのほかの注意事項・メモについても詳しく紹介してあります。料金は税込みです。

アクセス＆マップ

住所、最寄りのコンビニまでの時間。地図は、所在地、目印となる道路、建物などを簡略化して表示しています。アクセスは、車で行く場合のおもなアクセス方法です。最寄りの高速道路からのルートと、所要時間、距離を表記してあります。時間はおおよその目安です。交通状況などにより変わる場合もあります。また、出発点によっては別のルートになる場合もあります。

立ち寄りスポット

キャンプ場の近くにある、おすすめの立ち寄りスポットを紹介しています。温泉、遊園地、水族館、テーマパーク、観光地などです。

本書について●本書で紹介している記事・情報・データなどは、2023年1月現在のものです。

退屈知らず！
遊び施設が充実

広場や遊具で遊ぶときのトラブルやケガは
子どもに目を配り避けるように努力する！

　キャンプ場は遊具施設や広場など、子どもが楽しめる環境も充実しています。野外でのキャンプで気をつけたいのは、遊び場での子ども同士のトラブル。子どもたちはすぐに仲よくなりますが、目を離している間に順番などが原因でトラブルになる場合もあります。自分の子どもが泣いている、ほかの子どもを泣かせてしまったということも起こりうることです。また広場などの敷地内から出てしまうことも考えられます。大人が子どもから目を離さず、できるだけ自由に遊ばせてあげることが必要です。

　楽しいキャンプのはずが、子どもたちが遊ぶスペースでのケガやトラブルによって台なしになってしまうこともあります。楽しい思い出を作ってあげるためにも、十分注意しておくことが重要です。目につきやすい服装で子どもを遊ばせることもよいでしょう。

●ぴかさがみこ

PICAさがみ湖

開設期間……通年　**予約受付**　PICAホームページからオンライン予約

TEL **0555-30-4580**　**URL**　https://www.pica-resort.jp/sagamiko
（PICAヘルプデスク）　PICAさがみ湖フロント☎042-685-0917

都心からのアクセスもよく
お手軽キャンプが家族で楽しめる

　総合レジャー施設「さがみ湖リゾートプレジャーフォレスト」敷地内の丘の上に広がるPICAさがみ湖。オートサイトのほかに常設のテントサイトやコテージ、トレーラーハウスなど、さまざまな宿泊スタイルを選べて手軽にキャンプを楽しめる。相模湖の豊かな自然と四季を感じ、各種レジャーも気軽にできるので家族連れの人気が高い。併設する「ワイルドクッキングガーデン」は、関東最大級の野外バーベキュー場。食材も道具もレンタルで対応できる。さらに温泉も隣接しており、一日をたっぷりと楽しめる充実したプランを組むことができる。

園内西側の遊園地に近いエリアにあるログキャビン

**手ぶら度
チェック!!**

 □テント
持参しよう

 □調理用具
レンタルOK

 □食材
購入OK

 □寝袋や寝具
レンタルOK

 □燃料類
購入OK

アクセス＆マップ

住所

神奈川県相模原市緑区若柳1634

コンビニ情報

ファミリーマートまで車で約5分。

中央自動車道・相模湖東ICから、国道20号線を左折、相模湖駅前・信号を左折、相模湖リゾートフォレスト入り口へ。中央自動車道・相模湖ICから、約7分（約4km）。

石老山を眺める斜面を利用して建てられた常設のテントサイト

Camp Data

 オートキャンプ
 宿泊施設
 売店
 食堂
 レンタル

AC電源　水洗トイレ　シャワー・風呂　遊び場　風呂・温泉

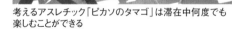

考えるアスレチック「ピカソのタマゴ」は滞在中何度でも楽しむことができる

利用料金

| 入場料 | 宿泊料に含む |

駐車料金
1,000円（1台滞在中）

サイト料金
オート/10,000円〜、テント/フィールド使用料（8,000円〜）＋1,500円、コテージ/8,300円〜、常設テント/6,900円〜、セットアップテント/5,700円〜、トレーラー/9,800円〜
※シーズンにより料金変動

INFORMATION

チェックイン　14:00〜19:00
（オートテントサイトは13:00〜16:00）

チェックアウト　〜10:00
（オートテントサイトは〜12:00）

管理人　24時間

レンタル
テント、寝具、ランタン、バーベキューツールセット、グリル網、鉄板、毛布、シーツ、ウレタンマット、タオルセットなど、各種あり

店
売店、レストラン

設備
トイレ、シャワールーム、BBQ場「ワイルドクッキングガーデン」併設

メモ
場内にゴミステーションあり。子どもにも大人気の宿泊プランや食事付きプランなどを多数用意

ここがおすすめ

退屈知らず！ 遊び施設が充実

親子で楽しむメニュー

スポーツ	●アスレチック
スクール	●釜焼きピザ体験
ネイチャー	●なし

隣接するさがみ湖温泉・うるりは入館料割引特典もある

生地を伸ばすところから始める 本格窯焼きピザ作りを体験

　関東最大級のバーベキュー施設「ワイルドクッキングガーデン」では、土日祝日に釜焼きピザ体験を開催。特製ピザ生地を伸ばし、具をトッピングしたら、ピザ専用のヘラを使って窯の中で焼き上げる本格派だ。また隣接する遊園地さがみ湖リゾートプレジャーフォレストには、巨大迷路やアスレチックなど親子でチャレンジできるアクティビティが充実。キャンプと遊園地がセットになったプランもある。

立ち寄りスポット

さがみ湖リゾートプレジャーフォレスト●料金には入園料が含まれているので、乗り物券のみで楽しめる。●営業時間10:00〜16:00（期間・曜日で変更あり）、毎週木曜定休（不定休）、宿泊者乗り物フリーパス割引料金大人2,800円、子ども2,400円　☎0570-037-353

●おーときゃんぷ ゆにおん

オートキャンプ ユニオン

開設期間……通年　 予約受付 　随時受付(ネット)

 TEL 　**090-8503-8669**　 URL 　www.camp-inba.com/

広い天然の芝生の上で
手ぶらでアウトドアを楽しむ

　首都圏から車で1時間程度の場所にあるキャンプ場で、リーズナブルな料金設定で人気を集めている。オートキャンプ場では数少ない天然の西洋芝張りは、10m×10m(約30坪)の広さを誇り、レンタル用品も充実しているので、手ぶらで身軽に行動したい人にもおすすめだ。大型冷蔵庫も完備されている点にも注目。誰でも自由に利用できるこの冷蔵庫は、食材の保管に喜ばれている。ステンレスの流し台も好評で、調理も楽々楽しむことができる。ちょっとした休日に、家族や友人とゆっくりした時間を過ごすにはもってこいの環境が揃っている。

広々としたテントサイトは芝張りとなっている

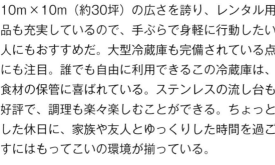

**手ぶら度
チェック!!**

□テント
レンタルOK　□調理用具
持参しよう　□食材
持参しよう

□寝袋や寝具
持参しよう　□燃料類
購入OK

連休や夏休み中などはたくさんの人でにぎわう人気のキャンプ場

アクセス&マップ

 住所
千葉県印西市平賀2719

 コンビニ情報
スリーエフまで車で約2分(1.5km)。

東関東自動車道・佐倉ICから、約20分(約12.2km)。東関東自動車道・酒々井ICから、約27分(約17.6km)。
※カーナビ検索＝印西市立平賀小学校。

Camp Data

 オートキャンプ
 デイキャンプ

 レンタル

 AC電源
 水洗トイレ　シャワー・風呂

Wi-Fi

敷地内にある畑に触れ合えるのもうれしい

利用料金

入場料	無料
駐車料金	無料

サイト料金
テント/1泊5,500円〜（6名まで 追加1名1,100円（大人）、550円（小人）、オート/1泊5,500円〜（6名まで 追加1名1,100円（大人）、550円（小人）、デイキャンプ/2,750円（6名まで追加1名550円（大人）、330円（小人）

INFORMATION

チェックイン
11:00〜

チェックアウト
〜10:00

管理人 8:00〜18:00
（シーズン中は24時間）

レンタル
テント、タープ、バーベキューコンロ、テーブルセットなど

店
なし（自動販売機あり）

設備
シャワールーム使用1回210円
（24時間可）

メモ
ゴミは炭、灰以外は持ち帰り。直火は禁止。花火は手持ち花火のみ。打ち上げ花火は禁止。21時以降の花火の利用は不可。ドッグランあり

ここがおすすめ

親子で楽しむメニュー

スポーツ	●射撃
スクール	●サツマイモ掘り体験（10月下旬 要問い合わせ）
ネイチャー	●昆虫採集

10月下旬にはサツマイモ掘り無料体験もできる

射撃やサバイバルゲーム体験やサツマイモ掘りなどで自然と触れ合える

　キャンプ場の下は射撃場となっており、射撃初心者には指導もしてくれるので気軽に楽しめる。隣接するサバイバルゲーム場では、本格的サバイバルシューティングの体験ができる。10月下旬にはサツマイモ掘りの無料体験などもできる（詳細時期については要問い合わせ）。キャンプサイトの横には森林浴も楽しめるフリースペースもあり、ハンモック、テーブル、チェアーが自由に利用できる。

退屈知らず！ 遊び施設が充実

立ち寄りスポット

サバイバルゲームフィールド フォレストユニオン●森林でサバイバルゲームが楽しめる。手ぶらで参加できる「ビギナーズサービスパック」（4,800円）もある。●営業時間8:00〜17:00（昼間）／19:00〜5:00（ナイト）、貸し切り基本料金27,000円（平日）〜　☎090-6030-5588

●いれぶんおーときゃんぷぱーく

イレブンオートキャンプパーク

開設期間……通年　**予約受付**　随時受付（ネット）

TEL 0439-27-2711　**URL** www.eleven-camp.com/

緑豊かな雑木林の中で
アウトドアライフを満喫する

　クヌギを中心とした雑木林に囲まれた5万㎡の緑豊かな広い敷地には120区画のサイトが広がる。1区画も120㎡と、ゆったりしたスペースを確保することができる。テントサイトのほかに、貸し別荘風のログキャビンもあり、家族連れや初心者も安心して利用できる。場内にはピクニック広場や多目的広場など、自由に使える広い空間もあり、のびのびとキャンプを楽しめる。お湯の出る炊事場や、シャワートイレ、温水シャワー、ランドリーも完備したサニタリーハウスもあり施設も充実。またバーベキューコーナーにはピザ釜などの設備もある。

4月には場内の桜が満開になる。ほかにも菜の花などさまざまな花が咲く

□テント レンタルOK　□調理用具 レンタルOK　□食材 購入しよう

手ぶら度 チェック!!

□寝袋や寝具 レンタルOK　□燃料類 購入OK

2家族で利用できるヴィラカズサ

アクセス＆マップ

住所
千葉県君津市栗坪300

コンビニ情報
セブンイレブンまで車で約8分。

館山自動車道、または、アクアラインで木更津JCT経由、木更津東ICから、約15分（約10km）。途中道が細いところがあるので、大型車は気をつけて走行を。

Camp Data

 オートキャンプ デイキャンプ 宿泊施設 売店   レンタル

 AC電源　水洗トイレ　シャワー・風呂　遊び場　　Wi-Fi

利用料金

入場料
大人1,100円、小人550円
※デイキャンプも同様

駐車料金 無料

サイト料金
オート/120区画・1泊3,300円（AC付き 4,400円）、バンガロー/16棟・8,800円（Aタイプ）、12,100円（B・Cタイプ）、14,040円（Eタイプ）、コテージ/1棟・25,300円

INFORMATION

チェックイン
13:00～

チェックアウト
～11:00

管理人 24時間

レンタル
コンロ1,000円～、インナーマット1,000円～、マットレス600円、シュラフ700円、毛布300円、枕300円、キッチン用品200円～など

店 9:00～17:00

設備
トランポリン、釣り堀、子どもプール、クライミングウォール、グラススキー場など

メモ
燃えるゴミ、燃えないゴミは分別すれば出せる。打ち上げ花火禁止、発電機禁止。ペットはつないでおくこと（建物には入れない）

 ここがおすすめ

敷地内にはコイの釣り堀とホンモロコの釣り堀もある

親子で楽しむメニュー

スポーツ ●サッカー　●子どもプール　●グラススキー　●ボルダリング　●ハイキング　●トランポリン　●卓球　●ブランコ

スクール ●なし　**ネイチャー** ●ホタル観賞　●桜花見

夏には子どもプールも開設される

季節に合わせた「遊び」が用意されている

　敷地内にたくさんの「遊び」が用意されている点も注目だ。年中楽しめるのは、コイの釣り堀とホンモロコの釣り堀（1時間500円）、クライミングウォール（15分100円）、子ども用トランポリン（20分100円 小学生まで）、ラジコンコース、子ども用ブランコ、多目的広場と豊富。さらに夏には、子ども用プール（半日300円・1日500円）も開設される。楽しみがいっぱいのキャンプ場だ。

立ち寄りスポット

大江戸温泉・君津の森 ●キャンプ場から車で約7分のところにあり、宿泊や食事もできる。●営業時間11:00～20:00（最終入場19:30）、料金：大人620円（平日、土日祝は720円）、小学生320円（平日、土日祝は420円）　☎0570-011264

●なりたゆめぼくじょうふぁみりーおーときゃんぷじょう

成田ゆめ牧場ファミリーオートキャンプ場

開設期間……通年 ┃ 予約受付 ┃ 利用日の2カ月前から受付

┃ TEL ┃ **0476-96-1001** ┃ URL ┃ www.yumebokujo.com/

動物たちと触れ合いながらキャンプを楽しむ

広大な青空と大地を舞台に手ぶらで気軽にキャンプを楽しめるので、キャンプ初心者にはもってこい。テントはもちろん、充実したレンタル品も用意され、コインシャワー、ウォシュレット付きトイレも完備。広大なフリーサイトでは、好きな場所を選べるというのもいい。また基本的に木がほとんどない平原のサイトもあり、夏でも虫が少ないというのも特徴。隣接する観光牧場ではかわいい動物たちと触れ合うことができ、2倍楽しめるファミリー向きのキャンプ場。土曜日までに予約すれば、日曜の朝に焼きたてのパンの販売もある。

「一般サイト」はフリーなので、好きな場所を選ぶことができる

手ぶら度チェック!!

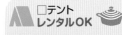 □テント レンタルOK

 □調理用具 レンタルOK

 □食材 購入しよう

 □寝袋や寝具 レンタルOK

 □燃料類 購入OK

アクセス＆マップ

┃ 住所 ┃
千葉県成田市名木730-3

┃ コンビニ情報 ┃
セブンイレブンまで車で約5分。

東関東自動車道・大栄JCTから、圏央道をつくば方面へ。下総ICから、約3分（約1.8km）。

用品がレンタルできるので、手ぶらでもキャンプを楽しめる

Camp Data

 オートキャンプ
 デイキャンプ
 売店
 食堂
 レンタル

AC電源　水洗トイレ　シャワー・風呂　遊び場

春には桜が咲き誇る

利用料金

入場料
大人2,100円、小人1,050円、小型犬800円、大型犬1,200円

駐車料金
1,400円(宿泊)・700円(デイキャンプ)

サイト料金
オート/290区画(AC電源付き90区画) ※サイト料金は入場料のみ。AC電源付きは＋1,100円

INFORMATION

チェックイン
9:30〜(12月〜2月 10:00〜)

チェックアウト
〜17:00

管理人
9:30〜21:00(土)・7:00〜17:00(日) ※平日は不在

レンタル
手ぶらでテント宿泊セット 8,000円(4名分/テント、銀マット×4、電池式ランタン、寝袋or毛布、炭用コンロ、火バサミ、金網、マッチ、木炭3kg、着火剤2個)など

店　売店

設備
管理棟、コインシャワー(10分・300円)、ウォッシュレット付きトイレ

メモ
ゴミは9:00〜17:00無料。サイト内直火・キャンプ場全域花火禁止。ペットは必ずリードでつなぐこと

ここがおすすめ

親子で楽しむメニュー

スポーツ　●アーチェリー　●トラクター遊覧　●トロッコ列車

スクール　●なし

ネイチャー　●味覚狩り

季節に合わせたイベントも開催されるので情報を収集しよう

退屈知らず! 遊び施設が充実

自然や動物と触れ合い 体験メニューも豊富

　成田ゆめ牧場へ特別優待料金での入場が可能で、期間中何度でも入退場が自由にできるのが、このキャンプ場の最大の利点。また、さまざまな体験ができるのもこのキャンプ場の魅力。牧場ではモルモットと触れ合い、味覚狩りやトラクター遊覧、アーチェリーといったレジャーも充実している。また、秋にはハロウィンなど、季節ごとのイベントも用意されている。

立ち寄りスポット

成田ゆめ牧場●キャンプ場から徒歩5分の牧場では、ヤギ、ヒツジ、ウマ、ウサギ、ウシなどの動物と遊ぶことができる。割引チケットあり。●営業時間9:30〜17:00(平日〜16:30) ※季節により変動　料金:大人1,400円、3歳以上600円　☎0476-96-1001　※キャンパー優待券価格

●おくひたちきららのさと

奥日立きららの里

開設期間……通年　**予約受付**　随時受付（電話）

TEL 0294-24-2424　**URL** https://kiraranosato.com

宿泊体験型の
レクリエーション施設

　東京ドーム10個分の敷地を活用した宿泊体験施設の中にあるオートキャンプ場。全長1,188mの日本一長いすべり台「わくわくスライダー」や宿泊・休憩施設「ケビン」、飲食施設のレストランやカフェなどもあり、園内を電気で走る「周遊バス」も大人気だ。また、きららガーデンでは、あじさいなどの草花の観賞もでき、「ふれあい牧場」では、ポニーやヒツジといった動物たちと触れ合うことができる。さらに、テントやタープ、寝袋、バーベキューコンロ、ランタンなどのレンタルも充実していて、手軽にキャンプが楽しめるのも特徴。

キャンプ場の中心部には、トイレ棟とシャワー棟、炊事棟が設置されている

手ぶら度チェック!!

□テント レンタルOK　□調理用具 レンタルOK　□食材 持参しよう
□寝袋や寝具 レンタルOK　□燃料類 購入OK

区画整理されたオートキャンプ場。デイキャンプもできる

アクセス＆マップ

住所
茨城県日立市入四間町863-1

コンビニ情報
ローソンまで車で約15分。

常磐自動車道・日立中央ICから、日立有料道路出口を右折。県道36号線を走行、トンネルを抜けた右側。日立中央ICから、約15分（約7.4km）。

Camp Data

 オートキャンプ デイキャンプ 宿泊施設 売店 食堂 レンタル

 AC電源 水洗トイレ シャワー・風呂 遊び場  Wi-Fi

スリル満点の日本一長いすべり台「わくわくスライダー」

ここがおすすめ

利用料金

入場料
大人320円、小人100円
※宿泊者は入場無料

駐車料金 無料

サイト料金
オート/20区画・1泊2,750円
（1サイト8名まで）
デイキャンプ/1,380円
（別途入場料）

INFORMATION

チェックイン 11:00〜
チェックアウト 〜10:00
管理人 24時間

レンタル
テント3,850円、ワンタッチタープ2,750円、シェード1,250円、テーブル・ベンチ1,100円、バーベキューコンロ1,100円、寝袋800円、卓上カセットコンロ800円、ランタン800円〜など

店
10:00〜15:00

設備
炊事棟は給湯器完備、シャワー（5分・100円/男子用2台/女子用2台）

メモ
ペット不可。駐車場のサイズは、3m×6m、22:00から8:00までの間はゲート門を施錠するため緊急時以外は入退場不可

親子で楽しむメニュー

スポーツ ●神峰山or高鈴山ハイキングコース
スクール ●夏の木工教室
ネイチャー ●ホタル観賞会

退屈知らず！ 遊び施設が充実

ふれあい牧場では動物のエサ（100円）を与えることができる

広い敷地に作られた
さまざまな施設を満喫する

　園内にはふれあい牧場のほかに、木製のアスレチックきらら砦やスイングロープウェイ、ローラーすべり台のある「やまびこ広場」、草花を観賞できる「きららガーデン」などの施設が無料で使用できる。「チーズの燻製作り行う体験教室」や、組み立てから飛ばし方まで指導してくれる子どもに人気の「ハンドランチグライダー教室」も実施している。実施期間は問い合わせ。

立ち寄りスポット

日立市かみね公園●動物園や子ども向けの遊園地、ジェットコースターなどが楽しめるレジャーランドがある。温水の市営プールも隣接。キャンプ場から車で約20分。●営業時間9:00〜17:00（時間変動あり）☎0294-22-4737

●くれすとのーすかるいざわ

CREST north karuizawa

開設期間……4月下旬～11月上旬　　**予約受付**　WEB予約

TEL　**0279-85-2229**　　**URL**　https://campcrest.jp/

芝生、林間、フリーサイト
いろいろなタイプのサイトが魅力

　大自然の中で親子の絆を深める「次世代に受け継ぐ場所づくり」をコンセプトにしたキャンプ場。約2万坪の広大な敷地に、一面フラットな芝生フィールド、木陰が気持ちいい林間フィールド、場所選びからレイアウトまで自由なフリーフィールドがあり、いろいろなシチュエーションでのキャンプが楽しめる。目の前には雄大な浅間山が広がり、夜は満点の星空観察も。ペット（犬のみ）と一緒に利用できるだけでなく、ドッグランが併設されているのもうれしい。近隣には温泉が点在しているので、アウトドアを満喫したあとは、温泉でゆったり心身を休めよう。

浅間山山麓に広がる雄大な景色が楽しめるキャンプ場

□テント
レンタルOK　　□調理用具
レンタルOK　　□食材
持参しよう

**手ぶら度
チェック!!**

□寝袋や寝具
レンタルOK　　□燃料類
購入OK

アクセス＆マップ

住所
群馬県吾妻郡長野原町応桑1554-139

コンビニ情報
セブンイレブンまで車で約5分。

一面フラットな芝生が気持ちいい区画サイト

上越自動車道・碓氷軽井沢ICから、国道18号を軽井沢方面へ。中軽井沢の信号右折、国道146号を草津・長野原方面へ。みるく牧場をすぎ、案内看板を左折。碓氷軽井沢ICから、約約60分。

Camp Data

 オートキャンプ デイキャンプ 宿泊施設 売店 売店   レンタル

 AC電源 水洗トイレ シャワー・風呂 遊び場 Wi-Fi

キャンプ場の中には、キャンプサイト以外にもたくさん楽しめる場所がいっぱい

利用料金

入場料
大人（中学生以上）500円、小人（4歳以上）300円、大型犬500円、小・中型犬300円 ※初日1回のみ

駐車料金
1サイトにつき1台無料。2台目から1台1,000円

サイト料金
オート/1泊・8,200円〜9,000円、テント/芝生サイト6,500円〜、林間サイト6,500円〜、フリー/HAYフィールド5,000円、キャビン/1泊14,000円、デイキャンプ/4,000円

INFORMATION

チェックイン 14:00〜18:00

チェックアウト キャビン/〜11:00 オート・テント/〜13:00

管理人 24時間

レンタル
テント4,000円、シュラフ800円、タープ2000円〜、ランタン800円〜、BBQコンロ1,000円、調理道具（包丁・まな板など）各100円など

店 売店

設備
シャワー10分・300円、ランドリー200円、ドッグラン大型犬500円〜、小・中型犬300円〜

メモ
ペットは犬のみ可。芝生サイトでの直火、発電機の使用、音の出る花火は禁止。林間サイトの直火は可

ここがおすすめ

親子で楽しむメニュー

スポーツ ●サッカーミニゴール ●スケートボードランプ ●アスレチック ●トランポリン

スクール ●なし

ネイチャー ●なし

子どもに大人気のミニアスレチック。楽しくチャレンジできる

退屈知らず！ 遊び施設が充実

サッカーミニゴールやスケボーランプなどバラエティに富んだアクティビティが点在

　キャンプ場内には、親子で遊べるサッカーミニゴール（2カ所）、スケートボードランプ（2022年4月オープン）、子どもに大人気のターザンロープ、トランポリンなど、体を思いっきり動かして楽しむ、バラエティに富んだアクティビティが点在している。アスレチック広場の遊具は、幼稚園サイズだから、小さな子どもも安心して遊ぶことができるのがうれしい。

立ち寄りスポット

北軽井沢 人間牧場●レベル別に釣りが楽しめる釣り堀。その場で焼いて食べられる。●営業時間10:00〜17:00、営業日はGW〜10月下旬（期間内の定休日なし）、入場料:大人2,000円、小人（4歳〜小学生）1,000円 ☎0279-84-2085

●もりとみずうみのらくえん　わーくしょっぷきゃんぷりぞーと

森と湖の楽園
Workshop Camp Resort

開設期間……通年（冬季、臨時休業あり）　予約受付　利用日の2カ月前から受付

TEL **0555-73-4116**　URL　www.workshopresort.com/

幅広い年齢層に利用される
森の中の自然体験村

　河口湖ICから約10分と都心からアクセス良好。富士山のふもとで暮らすタレントの清水国明氏が、森の中に創った自然体験村だ。キャンプ初心者はもちろん、ファミリーやグループでの利用が多く、人気を博している。「初めてのキャンプを強く応援している」キャンプ場だ。大自然をたっぷり楽しむためのベースキャンプとして、テントからトレーラーハウスまでさまざまな宿泊体験も可能。また、個人では手軽に手ぶらでキャンプが楽しめ、団体向けには、林間学校や社員研修、社員旅行などのプログラムも多彩に組み込まれている。

創設者でタレントの清水国明が作成した受付では、木彫りの動物たちがお出迎え

手ぶら度
チェック!!

アクセス＆マップ

住所
山梨県南都留郡富士河口湖町小立5606

コンビニ情報
車で約5分。

中央自動車道・河口湖ICを出て右折し、国道139号を富士五湖方面へ。看板を目印に東恋路西交差点を左折し、道なりで現地へ。河口湖ICから、約10分（約3.6km）。

いきなりテントで泊まるのは……という方には、〝動く家〞トレーラーハウスの宿泊がおすすめ

Camp Data

 オートキャンプ デイキャンプ 宿泊施設 売店   レンタル

 水洗トイレ シャワー・風呂 風呂・温泉 Wi-Fi

大人が子どもに戻り、子どもは大人に成長する。そんな不思議な森

利用料金

入場料
大人・小人 800円（未就学児は無料）ペット1匹につき1,000円

駐車料金 無料

サイト料金
持ち込みオートサイト/全18区画、持ち込みテントサイト/8区画・6,000円～、トレーラーハウス/全14棟・16,000円～、ログコテージ/全8棟・12,000円～

INFORMATION

チェックイン 15:00～
チェックアウト ～10:00
管理人 24時間
レンタル
BBQ機材セット3,000円、薪700円、炭2kg500円、飯ごう600円など
店
売店（18時まで営業）
設備
浴室（男性4名/女性3名）、バーベキュー施設は200名、250名、450名まで使用可能
メモ
インターネット無線LAN完備。風呂にシャンプー・ボディソープあり。使い捨てフェイスタオル無料（受付にて）

ここがおすすめ

親子で楽しむメニュー

スポーツ ●なし
スクール ●なし
ネイチャー ●ニジマスのつかみ取り体験

退屈知らず！遊び施設が充実

「ニジマスのつかみ取り」では、つかんだニジマスを自らさばいて食べることができる

初めてからリピートまで。宿泊スタイルを選べる高規格のキャンプ場

　キャンプ初心者の家族やグループに特におすすめ。初めての人は、"動く家"のトレーラーハウスに宿泊、手ぶらで外遊びを気軽に体験してみよう。ログコテージや設営済テントに宿泊して、キャンプデビューするのもOK。もちろん、持ち込みテントサイトで本格キャンプをすることも可能だ。家族そろってみんなが笑顔になる「楽園」と呼ぶにふさわしいキャンプ場だ。

立ち寄りスポット

河口湖ショッピングセンターベル●食料品フロア、ファッションフロア、生活関連のフロアなどを備える大型ショッピングセンター。●営業時間10：00～19：00（一部店舗除く）　山梨県南都留郡富士河口湖町船津2986　☎0555-73-4500

新潟県立こども自然王国 ガルルの丘キャンプ場

●にいがたけんりつこどもしぜんおうこく　がるるのおかきゃんぷじょう

開設期間……4月下旬～10月下旬（月曜日休館／祝日の場合は翌日）　**予約受付**　利用日の6カ月前から受付

TEL 0257-41-3355　**URL** www.garuru-kururu.jp/

「はじめてのキャンプ」企画で 子連れやキャンプビギナーも安心

こども自然王国は、宿泊型の大型児童館。その敷地内にある「ガルルの丘キャンプ場」は、緑に囲まれた高台にある。キャンプに必要な道具類がレンタルできるほか、大型遊具があったり、週末には「児童厚生員（プレイリーダー）」と自然観察や工作体験を行うことができる。また施設内にはレストラン、温泉、授乳室などを併設。アウトドア初心者のために「はじめてのキャンプ」という、キャンプ用品一式・食材付きの企画もある。指導を受けながらキャンプ体験できるので、小さな子ども連れや初めてキャンプをするビギナーにも安心だ。

キャンプ場は緑に囲まれた高台にあり、自然の中でアウトドアを満喫できる

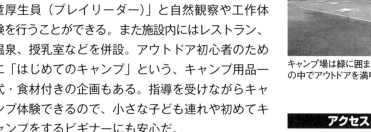

手ぶら度 チェック!!

 □テント レンタルOK

 □調理用具 レンタルOK

 □食材 購入OK

 □寝袋や寝具 レンタルOK

 □燃料類 購入OK

アクセス＆マップ

住所
新潟県柏崎市高柳町高尾30-33

コンビニ情報
コンビニまで車で約20分。

北陸自動車道・柏崎ICから、国道252号で高柳へ。岡野町交差点で県道12号へ右折、約2kmほど進んだ左手、橋を渡って道の駅じょんのびの里高柳がありその先に現地。柏崎ICから、約30分（約21km）。

森の中にある大きなキノコ？ ツリーハウスにもぜひ泊まってみたい

Camp Data

宿泊施設　売店　食堂　レンタル

水洗トイレ　遊び場　風呂・温泉　Wi-Fi

利用料金

入場料
無料
（炊事場、BBQ、広場利用時・3歳以上1人150円）

駐車料金
無料

サイト料金
テント/全15区画:1泊2,600円
ツリーハウス（キャビン）/全2棟・8,800円

INFORMATION

チェックイン	12:00〜
チェックアウト	〜11:00
管理人	9:00〜17:00（夜間は警備スタッフ常駐）

レンタル
テント（4〜5人用）4,000円、毛布300円、マット200円、LEDランタン500円など

店
売店、食堂

設備
UFOパラダイス、おもしろ自転車、プレーホール、屋根付き広場など、ファミリーレストラン「もりもり亭」、温泉など

メモ
ペット同伴不可。花火は指定場所にて。サイト内は芝生のため直火禁止。テントサイト専用駐車場あり（台数制限）

ここがおすすめ

探検気分で楽しめる大すべり台「UFOパラダイス」。トンネル付きの長いすべり台もある

親子で楽しむメニュー

スポーツ	●スノートレッキング　●カヌー
スクール	●なし
ネイチャー	●ホタル観賞会

退屈知らず！ 遊び施設が充実

わんぱく広場には、ちびっこもみんなで遊べる大型遊具がたくさん

発見や気づきが得られる「ガルルキャンプ」

「ガルルキャンプ」は、豊かな自然や里山文化と子どもたちが出合う「まなびの場」。小学3年生〜中学3年生を対象に展開されるプログラムは、子どもたちに豊かな原体験と新鮮な発見、さまざまな気づきと達成への満足感が得られるように企画されている。春・夏・冬の年3回行っており、毎回異なるテーマで実施している。普段とは違う環境での共同生活を通じて、協調性や自発性の向上を目指している。

立ち寄りスポット

高柳じょんのび村●温泉宿泊施設。広い入浴場のほか、手作り豆腐やがんもなどを買える売店もある。●営業時間11：00〜20：00（受付終了19：30）。大人700円、子ども450円。休館日はおもに火曜日、水曜日　新潟県柏崎市高柳町高尾10-1　☎0257-41-2222

●てんしのもりおーときゃんぷじょう

天子の森オートキャンプ場

開設期間 …3月下旬～11月中旬　　予約受付　利用日の2カ月前から受付

TEL　**0544-54-1543**　　URL　tenshinomori.net/

Camp Data

 オートキャンプ
 デイキャンプ

 売店

 レンタル

 AC電源　水洗トイレ　シャワー　遊び場

ここがおすすめ

親子で楽しむメニュー

スポーツ　●サイクリング　●ラフティング
●カヌー　●酪農体験　●パラグライダー
スクール　●乗馬
ネイチャー　●ホタル観賞会　●水遊び
●マスつかみ

天子ケ岳の山裾に整備された大自然に囲まれたキャンプ場

水遊びやマスつかみをして夏の思い出作り。風を感じながら田貫湖周辺をサイクリング

　富士宮市にある田貫湖近くの森に囲まれたキャンプ場。「水源の森百選」にも選ばれた豊かな森からの水が場内を流れ、マス釣り、マスつかみなどを体験できる。天子の森やその周辺では、自然の魅力を生かした子どもたちが存分に楽しめる遊び場がいっぱいだ。自転車を借りて、田貫湖のまわりを風を感じながら探検してみるのも面白いだろう。気軽に利用できるレンタサイクルは1台1時間500円。

清流では水遊びやマスのつかみ取りができる

利用料金

入場料
メニューにより異なる

駐車料金
サイト利用料に含む

サイト料金
デイキャンプ/3,000円～（4名、車1台）、オート/1泊4,500円～（4名、車1台）　※ハイシーズン料金あり　テント、オートを合わせて全70区画（AC電源付きサイトは10区画）ほかバーベキューサイトなど

INFORMATION

チェックイン	13:00～
チェックアウト	～11:00
管理人	24時間

レンタル
テント3,500円、スクリーンタープ3,500円、タープ2,000円、ワンタッチタープ2,000円、ブルーシート500円など

店
売店、食堂

設備
トイレ、水場、温水シャワー、東屋、BBQサイト、など

メモ
直火、ほかの利用者に迷惑のかかる行為禁止。ペットOK

アクセス&マップ

住所
静岡県富士宮市佐折631

コンビニ情報
ファミリーマートまで車で約5分。

中央自動車道・河口湖ICから、国道139号経由約45分（約30km）。または新東名高速道路・新富士ICから、国道139号経由。新富士ICから、約30分（約20km）。

気軽に水遊び!
川辺&湖畔

子どもがいちばん好きな水遊びだからこそ
安全な服装と気配りや監視が必要!

　子どもたちにとって、川遊びは自然の中での遊びとして特に楽しめます。魚や生き物と触れ合え、沢登りや滝登りなどの楽しみもたくさんあります。キャンプ場の施設の中にある水遊び場は浅瀬が多く安全ですが、**水の流れがきつい場所や見た目ではわからない深い場所もあります**。子どもが遊ぶ場所を確認するとともに、大人がしっかりと目を配って安全に遊べるように注意をしてください。逆をいえば、安全管理さえしていれば楽しく過ごせる場所です。

　最近の雨量を調べることも大切です。前日に雨が多く降った場合は鉄砲水などの注意も必要です。当日の天気にも気を配りましょう。特に、これから雨が降ってくるかどうかは調べておきましょう。また、日陰で休憩できる場所、水分補給は重要です。服装や履物にも気を配って楽しく遊びましょう。

●かのがわきゃんぷ・ますつりじょう

神之川キャンプ・マス釣り場

開設期間……通年　**予約受付** 随時

TEL 042-787-2116　**URL** https://kannogawa.jp

神之川の渓流沿いにある
マス釣り場キャンプ場

　渓流沿いの地形を生かした恵まれた環境で、幅広いアウトドアファンが楽しめるスポット。キャンプサイトはすべて道志川の支流・神之川沿いで、敷地は細長く広くゆったりとしている。そんな広大な敷地の中には、オートキャンプサイト、バンガローA棟と高床式のバンガローB棟に分かれ、バンガローだけでも全部で37棟設置されている。炊事棟、コインで利用できる温水シャワー、水洗トイレも完備されている。デイキャンプも行っており、首都圏から近いので日帰りで楽しむことも可能だ。また釣った魚をその場で食べられる施設も用意されている。

川辺でのオートキャンプを家族で満喫できる

手ぶら度チェック!!

 □テント
持参しよう

 □調理用具
レンタルOK

□食材
持参しよう

 □寝袋や寝具
レンタルOK

 □燃料類
購入OK

アクセス&マップ

住所
神奈川県相模原市緑区青根3685

コンビニ情報
セブンイレブン、サークルKまで車で約15分。

中央自動車道・相模湖ICから、相模湖、奥相模湖を経由、約30分（約15km）。圏央道・相模原ICから、約40分（約18.6km）。

渓流沿いの地形を生かした敷地は細長く広く使いやすいのが特徴

Camp Data

オートキャンプ	デイキャンプ	宿泊施設	売店	食堂	レンタル

水洗トイレ	シャワー・風呂	遊び場	風呂・温泉	Wi-Fi

神之川を利用した水遊び場も用意されている

利用料金

入場料
大人880円、小人440円（宿泊）
大人550円、小人330円（日帰り）

駐車料金
550円（日帰り）、1,100円（宿泊）
※車1台分は区画料に含まれる

サイト料金
オート/2,860円、バンガロー/7,150円（6畳）・17,600円（12畳）、デイキャンプ/1,650円

INFORMATION

チェックイン	12:00〜
チェックアウト	〜11:00
管理人	24時間

レンタル
マット350円、毛布300円、敷布団600円、掛布団350円、まくら200円、ほか炊飯用品多数あり

店
なし

設備
風呂（大人500円・小人300円）、シャワー（1回300円）

メモ
22:00〜7:00まで音響機器の使用、花火、車での移動禁止。打ち上げ花火、吹き出し花火、ロケット花火、爆竹禁止。バンガローへのペットの入室禁止。水遊び場以外での水遊びは禁止。釣り場への投石禁止。直火禁止

ここがおすすめ

親子で楽しむメニュー

スポーツ	●フィッシング
スクール	●なし
ネイチャー	●魚のつかみ取り体験

気軽に水遊び！　川辺&湖畔

敷地内にはニジマス釣り場とイワナ・ヤマメ釣り場の2カ所あり

豊かな自然の中で
つかみ取りなど川遊びが堪能できる

　敷地内には豊かな自然と豊富な水量の流れの中で釣りを楽しめる管理釣り場がある。ニジマスやヤマメ、イワナといった魚釣りだけでなく、つかみ取りも体験できる。大人から子どもまで水遊びを満喫できるので、家族連れにも人気だ。川辺で遊んだ後は、男女別の岩風呂でゆったりとお風呂に浸かるのも楽しい。マス釣り場では貸し竿や餌も用意されているので気軽に釣りに参加できる。

立ち寄りスポット

天然温泉 いやしの湯●丹沢大山国定公園の北側にある露天風呂付き入浴施設で、檜風呂や岩風呂もある。●営業時間10：00〜21：00（1月〜2月／10：00〜20：00）、料金:大人1,050円・小人430円（1日）、休館日:毎週火曜日（祝祭日の場合は翌日）　☎042-787-2288

●たきざわえんきゃんぷじょう

滝沢園キャンプ場

開設期間……通年　**予約受付**　随時

TEL 0463-75-0900　**URL** www.takizawaen.com/

丹沢大山国定公園の
エリア内にあるキャンプ場

　清流水無川の河畔にある大自然に囲まれたキャンプ場。自然が広がる林間でオートキャンプが楽しめ、民宿やバンガロー、ログハウスとさまざまな宿泊施設があり、目的に合わせて利用できるのも魅力。都心から車で約90分というアクセスのよさも多くのキャンパーたちに足を運ばせる理由のひとつ。河畔でのバーベキューでは、家族や友人たちとゆっくりした時間を楽しめる。夜は星空を見ながらキャンプファイヤーを行うことも可能。また11月から3月までの冬季シーズンには、猪鍋セットも人気。2名より予約できる。

施設内に1泊2食付きの民宿もある

手ぶら度チェック!!

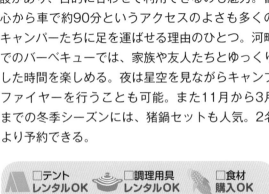

□テント
レンタルOK

□調理用具
レンタルOK

□食材
購入OK

□寝袋や寝具
レンタルOK

□燃料類
購入OK

アクセス&マップ

住所
神奈川県秦野市戸川1445

コンビニ情報
セブンイレブンまで車で約10分。

東名高速道路・秦野中井ICから、秦野方面へ。県道62号線、706号線、705号線を経て現地へ。秦野中井ICから、約20分（約10km）。または、新東名高速道路・秦野丹沢スマートICから、約5分（約3km）。

テント持ち込みで利用できるフリーサイトの風景

Camp Data

 オートキャンプ デイキャンプ 宿泊施設 売店 食堂 レンタル

 水洗トイレ シャワー・風呂 遊び場

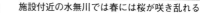
施設付近の水無川では春には桜が咲き乱れる

利用料金

入場料
300円（施設費 1人）

駐車料金
普通車1,100円、オートバイ450円、大型バス3,300円

サイト料金
オート/5,500円、（4名まで・1名追加+1,100円）、バンガロー/12,000円（6畳6名まで）、18,000円（12畳12名まで）、28,500円（19畳19名まで）、22,000円（4.5畳＋6畳10名まで トイレ・敷布団・毛布付き）、33,000円（8畳＋8畳15名まで トイレ・敷布団・毛布付き）、ログハウス/15,000円（約6畳6名まで）、山荘/66,000円（30畳30名まで）、デイキャンプ（フリーサイト）/1,100円

INFORMATION

チェックイン	13:00〜
チェックアウト	〜10:00
管理人	24時間
レンタル	炊飯用品多数あり
店	飲食店、売店
設備	民宿8,000円〜（1泊2食付き）
メモ	ゴミは分別して収集場所へ。ペットOK

ここがおすすめ

気軽に水遊び！ 川辺＆湖畔

親子で楽しむメニュー

スポーツ	●フィッシング　●テニス
スクール	●もちつき
ネイチャー	●マスのつかみ取り

1匹380円で行える子どもに大人気のマスのつかみ取り

いろいろな川遊びや室内でのスポーツが楽しめる

　自然の中でのキャンプをさらに楽しむために、滝沢園キャンプ場では、いろいろな企画が用意されている。マスのつかみ取りは、子どもに大人気。1匹380円でチャレンジすることができる。また、スポーツをしたい人には、2面の室内テニスコートがある。そのほかにも、釣りや20名分から対応してくれるもちつきができる企画もある。

立ち寄りスポット

弘法の里湯●キャンプ場から約10kmのところにある市営の日帰り天然温泉。貸し切りの露天風呂付き浴場もある。●営業時間10:00〜20:00（最終入館19:30まで）、料金：大人1,000円、小人500円（1日）、月曜日定休　☎0463-69-2641

●みのいしたききゃんぷじょう あんど さがみこかぬーすくーる

みの石滝キャンプ場
＆相模湖カヌースクール

開設期間……通年　**予約受付**　利用日の1年前から。完全予約制（受付9:00〜22:00）

TEL 042-685-0330　**URL** www.camp-minoishi.com

船でしか行けない
相模湖にあるキャンプ場

　交通手段は船のみ。それでも都心から約1時間で行けるという相模湖畔にある、まるで離島のような不思議なキャンプ場。キャンプ場へは、山口ボート場・五宝亭駐車場もしくは資材運搬用関川船着き場に車を駐車して、約10分の乗船で到着。そんな場所だからこそ、大自然を満喫できる。テントサイトだけでなくバンガローも利用でき、場内の中心は水遊び。カヌーやアクアスキッパー、ボートや釣りなどはもちろんのこと、キャンプ場周辺のハイキングやバードウォッチングなど、自然の中でのさまざまなアクティビティが楽しめる。

桟橋を渡るとすぐに見える管理棟。レンタル品のほか、飲み物などを販売

□テント
持参しよう

□調理用具
レンタルOK

□食材
持参しよう

□寝袋や寝具
レンタルOK

□燃料類
購入OK

手ぶら度
チェック!!

アクセス＆マップ

住所
神奈川県相模原市緑区若柳1628

コンビニ情報
セブンイレブンまで船10分＋車約2分。

中央自動車道・相模湖東ICから、五宝亭駐車場まで約5分（約3km）。駐車場から山口ボート場まで徒歩1分で移動。山口ボート場まで船での迎えあり。乗船時間は約10分。

12畳〜30畳までのバンガローが立ち並ぶ

Camp Data

デイキャンプ　宿泊施設　売店　　　　　レンタル

水洗トイレ　シャワー・風呂　　　　　　Wi-Fi

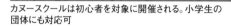

カヌースクールは初心者を対象に開催される。小学生の団体にも対応可

利用料金

入場料
700円(大人、小人とも1人)
※デイキャンプのみ必要。バンガロー宿泊者は無料

駐車料金
500円(1台1日・五宝亭駐車場)

サイト料金
テント/1,200円(大人1名)、900円(小人1名)、バンガロー/24棟・6,000円〜52,000円(12畳〜30畳)

INFORMATION

チェックイン 14:00〜
チェックアウト 〜10:00
管理人 原則24時間
レンタル 釜・鍋800円〜、飯ごう300円、鉄板700円〜1,000円、マットレス500円、毛布400円、シーツ200円、包丁200円、まな板100円、卓上コンロ1,000円など
※夏でも毛布1枚は必要
店 7:00〜21:00
設備 渡し船代・大人1,200円、小人600円、コインシャワー(300円・5分)
メモ 子どもたちのためのキャンプ場なので、ほかのお客さまに迷惑のかからない利用法が予約の条件

ここがおすすめ

親子で楽しむメニュー

スポーツ ●フィッシング(ローボート使用)
スクール ●カヌースクール　●アクアスキッパースクール
ネイチャー ●ドラム缶風呂(子ども用)
●板はがき教室　●クラフト教室

流しそうめんなどの催し物も開催される

誰でも楽しめる多数の キャンププログラムを用意

　相模湖のいちばん大きな入り江の奥にあり、周りは山に囲まれ、70年近い歴史がある素朴で静かなキャンプ場。ここではカヌースクールやアクアスキッパー体験プログラム、レンタル手漕ぎボート、板はがき教室、クラフト教室といったものから、ドラム缶風呂の体験やけもの道探索など、初心者でも自然の中で、さまざまな体験ができるプログラムも多数用意されている。

立ち寄りスポット

石老山ハイキング●相模湖の南岸にあり標高702mの石老山は、関東百名山のひとつに選定されている。キャンプ場から3時間と5時間のコースがある。多数の巨大な奇岩軽石や滝が点在し、気軽に登れる人気の高いハイキングコースになっている。

●うぉーたーぱーくながとろ

ウォーターパーク長瀞

開設期間……通年　**予約受付**　随時（9:00〜17:00）

TEL 0494-62-5726　**URL** www.waterpark.jp

美しい緑と渓流の中で
いろいろなアウトドアが楽しめる

　長瀞玉淀（ながとろたまよど）自然公園に位置し、目の前には穏やかな荒川の源流が流れ、川遊びやバーベキューをするのに適した場所にある。オートキャンプは川沿いと木々に囲まれたサイトに分かれており、デイキャンプを楽しむこともできる。ウッドトレーラー（木製トレーラーまたはアルミボディタイプ）も設置されているので、ゆったりと宿泊をしたい人にはおすすめ。フィッシングエリアも用意されており、子ども向けのエサ釣りから本格的なフライフィッシングやルアーフィッシングも行える。近くを流れる荒川では、ライン下りやラフティングも楽しめる。

いろいろなタイプのウッドトレーラーがあり、用途に応じた宿泊が楽しめる

□テント　レンタルOK
□調理用具　レンタルOK
□食材　持参しよう

手ぶら度チェック!!

□寝袋や寝具　レンタルOK
□燃料類　購入OK

アクセス&マップ

住所
埼玉県秩父郡皆野町金崎1918-1

コンビニ情報
セブンイレブンまで車で約5分。

関越自動車道・花園ICから、皆野寄居道路を経由、皆野長瀞ICから、最初の信号を県道348号線へ左折。三沢入口交差点で国道140号線へ。親鼻橋を渡り、すぐ左折。花園ICから、約45分（約30km）。

オートサイトもCサイト、ハンモックサイト、電源サイトの3種類から選べる

Camp Data

 オートキャンプ
 デイキャンプ
 宿泊施設

 レンタル

 AC電源
水洗トイレ
 シャワー・風呂
 遊び場

Wi-Fi

利用料金

入場料 デイキャンプ880円〜、オートサイト、ウッドトレーラーは宿泊料に含む、フィッシングエリア無料

駐車料金
宿泊の場合は、利用料金に含まれる。追加料金1台につき1,100円

サイト料金
スタンダードサイト/3,850円〜、レンガチップサイト/4,180円〜、電源サイト/5,390円〜、ハンモックサイト(電源付き)/5,830円〜、ウッドトレーラー/8,250円〜、コテージ/26,400円

INFORMATION

チェックイン オートサイト13:00〜、ウッドトレーラー15:00〜

チェックアウト オートサイト〜11:30、ウッドトレーラー〜15:00

管理人 9:00〜18:00

レンタル
タープ2,200円、パラソル1,210円、電気ランタン660円、ライフジャケット550円、クーラーボックス660円、テーブル660円、ベンチ440円、バーベキュー台1,760円、鉄板700円など

店 売店

設備 子ども広場、フィッシングエリア、炊事棟、ウッドトレーラー(C・A・S・L・T・ST・DD・JC・Rタイプあり)、ドッグラン

メモ
直火、花火は禁止

ここがおすすめ

手軽に楽しめるデイキャンプも人気。川遊びを思う存分楽しめる

親子で楽しむメニュー

スポーツ ●フィッシング（冬季のみ）
スクール ●なし
ネイチャー ●なし

一度はやってみたいラフティング。スリル満点の川遊びがこれだ

荒川の絶景を楽しめる
ライン下りとラフティング

大きなゴムボートに7名が乗れるラフティングは、スリルと仲間たちとの一体感が味わえることで人気。激流の中で飛沫を上げながら力を合わせて漕げば、気分もリフレッシュされる。また天然記念物の岩畳の自然が創りあげた美しい自然も体験できる。ゆったりと景色を楽しみたい人は、長瀞の観光としても有名な荒川ライン下りがおすすめ。冬季は施設内の管理釣り場も営業している。

立ち寄りスポット

道の駅みなの●採りたての新鮮野菜や地元特産物を直売している。また田舎風手打ちうどんや郷土料理が楽しめるレストラン「みなの」も人気。電気自動車の充電器もある。
●営業時間8:30〜17:00(レストランは11:00〜17:00)　☎0494-62-3501

●けにーず・ふぁみりーびれっじ/おーときゃんぷじょう

ケニーズ・ファミリー・ビレッジ /オートキャンプ場

開設期間……通年　| 予約受付 |　ネット予約、電話予約(8:45〜17:00　水・木曜日不定休)

| TEL |　**042-979-0300**　| URL |　www.kfv.co.jp/

日帰りキャンプから宿泊まで 川辺の自然をたっぷり満喫

　山と川に囲まれ、自然に恵まれた環境の中、四季によってそれぞれ違う風景や遊びが楽しめる。都心から約1時間とアクセスもよく、ファミリー層を中心にたくさんの人が訪れる。キャンプやバーベキューはもちろんのこと、オートサイトやログハウスも完備。レンタル品も豊富で食材販売（要予約）も行っているので、初めての人でも手軽に簡単に楽しめるのもうれしい。ほぼすべてのサイトでAC電源が利用可能なので、1年中、快適にキャンプが楽しめる。また、ログハウスも用意されており、テラスや二段ベッドなどの設備も充実している。

夏季は日帰り専用となる河原サイト。川の近くでバーベキューも楽しめる

□テント レンタルOK　□調理用具 レンタルOK　□食材 要予約
□寝袋や寝具 レンタルOK　□燃料類 購入OK

手ぶら度 チェック!!

アクセス＆マップ

| 住所 |
埼玉県飯能市上名栗3196

| コンビニ情報 |
セブンイレブンまで車で約15分。

圏央道・青梅ICから、岩蔵街道から成木街道を経て秩父・名栗方面へ。青梅ICから、約40分（約19km）。圏央道・狭山日高ICから、国道299号線、県道70号線を経て現地へ。狭山日高ICから、約40分（約20km）。

テントサイトは車1台分のスペースとテント・タープ1張り分のスペースがある

Camp Data

 オートキャンプ
 デイキャンプ
 宿泊施設
 売店
 飲食
 レンタル

AC電源　水洗トイレ　シャワー・風呂　遊び場　　　　Wi-Fi

ここが
おすすめ

夏の期間限定の天然プール。毎年海の日の連休から9月2週目まで利用できる(状況により変更あり)

親子で楽しむメニュー

スポーツ	●バスケットボール ●バドミントン ●卓球 ●天然プール(夏期のみ) ●フィッシング
スクール	●なし
ネイチャー	●なし

気軽に水遊び！　川辺&湖畔

利用料金

入場料
大人880円、中学生以下440円

駐車料金
無料(2台目以降1,100円／1台)

サイト料金
一般サイト/3,850円～
河原サイト/2,750円～
ログハウス/15,400円～
ミニログハウス/8,250円～

INFORMATION

チェックイン
11:30～(ログハウスは13:00～)

チェックアウト
～11:00

管理人
8:30～17:30

レンタル
品揃え豊富。レンタル品には数に限りがあるので事前確認が必要。お得なキャンプパックやバーベキューパックあり

店
8:45～17:00

設備
管理棟、シャワー24時間利用可能(3分・100円)、自動販売機、有料AC電源無料

メモ
直火、打ち上げ花火、発電機、楽器演奏、スピーカーを使用した音楽、動画の再生、夜間時の河川立ち入り、その他公序良俗に反するものは禁止

名栗川に面しているので、川遊びが楽しめる

経験豊富なスタッフが充実。安心していろいろな遊びを楽しめる

　日本オートキャンプ協会公認のインストラクターが3名在籍しており、キャンプのことや名栗川の生物のこと、自然に関することを教えてくれる。遊びの広場は、バスケットボールやバドミントンなどが楽しめるスペース。建物内には卓球台もあり、ボールやラケットを使ったスポーツも気軽にできる。またマス釣り場や夏季のみの天然プールもあり、子どもと一緒に大人も楽しめる施設が充実している。

立ち寄りスポット

さわらびの湯●日帰り温泉施設。男湯、女湯ともに内湯、露天風呂、スチームサウナがあり、のんびりと湯めぐりが楽しめる。●営業時間10:00～18:00(毎月第1・3水曜日定休、祝日は営業)、料金:大人800円、小・中学生400円、乳幼児無料　☎042-979-1212

●なかよしきゃんぷぐらうんど

なかよしキャンプグラウンド

開設期間……4月1日〜11月30日　**予約受付**　随時（9:00〜21:00）

TEL 0295-55-2310　**URL** https://nakayoshicamp.com

2つのフリーテントサイトは使用目的で選んで楽しもう

　那珂川のほとりにあるキャンプとカヌーをメインとしたキャンプ場。施設は相川サイト、那珂川サイト、トレーラーハウス、ログハウス、バーベキュー場、ピザ窯のエリアに分かれている。ファミリーにおすすめは相川サイト。那珂川に流れ込む支流・相川に面しており、膝丈1mくらいの深さなので、子どもたちが楽しく水遊びができる。那珂川サイトでは、那珂川に沈む絶景の夕陽が見られることで人気がある。ログハウスは5人用と10人用があり、それぞれ寝具が付いている。ほかにもトレーラーハウスもあり、初心者から上級者まで幅広く利用できる。

テントサイトは那珂川サイトと相川サイトに分かれている

手ぶら度チェック!!

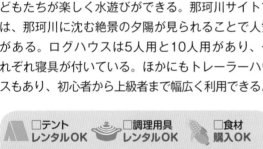
□テント レンタルOK　□調理用具 レンタルOK　□食材 購入OK
□寝袋や寝具 レンタルOK　□燃料類 購入OK

アクセス&マップ

住所
茨城県常陸大宮市上伊勢畑5-2

コンビニ情報
ファミリーマートまで車で約5分。

常磐自動車道・水戸ICから、笠間方面へ。2つ目の信号、加倉井町交差点を右折、県道52号線へ直進。国道123号線に入り那珂川大橋手前で県道212号線へ左折。水戸ICから、約40分（約27km）。

美しい川の風景が楽しめる。特に夕陽は絶景

Camp Data

 オートキャンプ デイキャンプ 宿泊施設 売店 食堂 レンタル

 水洗トイレ シャワー・風呂 遊び場 Wi-Fi

利用料金

施設使用料
小学生以上1,000円
1泊2日は2,000円

駐車料金
無料

サイト料金
サイト/施設使用料のみ
ログハウス/15,000円(5人用)、
30,000円(10人用)
トレーラーハウス/25,000円
デイキャンプ/施設使用料のみ

INFORMATION

チェックイン 9:00〜
チェックアウト 〜11:00
(デイキャンプは日没まで)
管理人 24時間
レンタル
カヌーレンタル3,000円〜、バーベキューコンロ1,000円、包丁・まな板セット500円、鉄板・金網は無料。テントレンタルあり
店 あり
設備
水場、トイレ、24時間「コインシャワー(3分・100円)
メモ
打ち上げ花火、カラオケ、ペットの放し飼い禁止。キャンプ場は要予約制。ゴミは分別して指定の場所に出すこと

ここがおすすめ

カヌースクールは随時開催されており、インストラクターが丁寧に指導してくれる

親子で楽しむメニュー

スポーツ ●カヌー
スクール ●陶芸教室　●カヌー・カヤックスクール
●そば打ち体験教室
ネイチャー ●なし

初心者でも気軽に平日限定のリバーツーリングが楽しめる

気軽に水遊び！ 川辺＆湖畔

カヌーや水遊びなどで自然に触れる体験ができる

カヌー＆カヤックのベースキャンプとして最適なロケーションが魅力のなかよしキャンプグラウンドでは、カヌーに乗って那珂川での川旅ができる平日限定の「ピクニックツーリング」を開催。このイベントには小学生以上が参加できる。休憩場所では鮎の塩焼きの販売もあり、川遊びを満喫できる。またカヌー・カヤックスクールやカヌーレンタル、リバーツーリング（要予約）なども行われている。

立ち寄りスポット

なかのや●新那珂川橋近くにある「なかのや」では、清流・那珂川のおいしい鮎の塩焼きが好評だ。近くに行ったときは是非食べてみよう。
●茨城県常陸大宮市野田1836　☎0295-55-2501

ナラ入沢渓流釣り キャンプ場

●ならいりさわけいりゅうつりきゃんぷじょう

開設期間……4月～11月30日　**予約受付**　ネット予約（随時）

TEL　0288-79-0714　**URL**　www.narairisawa.jp/

美しい渓流に囲まれて 四季折々の自然を満喫できる

　場内には、美しい清流が流れていて、渓流釣りや川遊びを楽しめるキャンプ場。施設は美しい雑木林に囲まれており、川遊びだけでなく、クワガタやホタルなどの昆虫と出合うこともできる。キャンプの定番・バーベキューはもちろんのこと、ハイキングコースでハイキングも楽しめる。また、バンガローもあるので、初心者でも気軽に訪れることも可能。さらに釣り場で釣った魚は、炭火焼きで調理（1魚150円）もしてくれる。こだわりの手打ちそばや渓流魚料理、山菜料理、きのこ料理など四季を感じるメニューも豊富にそろっている。

雑木林の中にあるサイトは四季折々の変化が楽しめる

手ぶら度 チェック!!

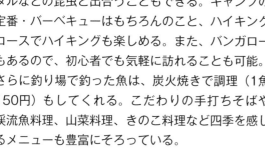

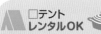
□テント レンタルOK

□調理用具 レンタルOK

□食材 購入OK

□寝袋や寝具 レンタルOK

□燃料類 購入OK

アクセス&マップ

住所
栃木県日光市上三依109-1

コンビニ情報
ファミリーマートまで車で約16分。

東北自動車道・西那須野塩原ICから、約35分（約28km）。日光宇都宮道路・今市ICから、約60分（約45km）。

渓流と自然の最高の景色を堪能できる

Camp Data

 オートキャンプ デイキャンプ 宿泊施設 売店 食堂 レンタル

 AC電源 水洗トイレ   Wi-Fi

施設内に流れる川での釣りは大人気

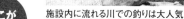

利用料金

入場料
大人880円、小人550円

駐車料金 無料

サイト料金
オートキャンプサイト・テントキャンプサイト/5,000円（1台1張り）
バンガロー/8,800円（2名）〜
デイキャンプサイト/2,500円

INFORMATION

チェックイン
13:00〜17:00

チェックアウト
〜11:00

管理人
24時間

レンタル
テント2,750円（5人用）、タープ2,750円、寝袋550円、バーベキューコンロ1,650円、ランタン、タープ、テーブル、イス、調理器具、鉄板、網、寝袋など

店
8:30〜18:00

設備
受付棟＆食事「山小屋」、水場、炊事場、屋根付きテーブル

メモ
21:00消灯。入浴施設はなし（近隣の塩原温泉郷の日帰り入浴施設と提携）。時間釣り（3時間）竿、餌セット/1人3,500円。ペットOK

ここがおすすめ

親子で楽しむメニュー

スポーツ ●フィッシング

スクール ●コケ玉教室

ネイチャー ●昆虫観察会 ●ホタル観賞会
●星観賞会 ●山菜採り ●キノコ狩り

山小屋ではそばやうどん、山菜てんぷらなど、お食事も楽しめる

四季を通してさまざまなイベントや教室が開催される

　渓流釣りの秘境として知られており、釣りが楽しめる場所としても有名。釣った魚はその場で炭火焼きで味わうことも可能。釣りだけでなく、透明感のある清流で泳ぐ魚を見ることができる。また、親子で楽しめるコケ玉作り体験は、地元の植物を使って握りこぶし大のコケ玉作りにチャレンジ。ほかにも、昆虫観察やホタル観賞、星観察、山菜採り、キノコ狩りなど自然と触れ合えるイベントがいっぱい。

立ち寄りスポット

湯西川ダックツアー●国内初の水陸両用バスに乗って、ダム湖の探検ができるダックツアーはおすすめ。冬季休業あり。●営業時間9:00〜18:00（毎月第1水曜日定休、祝日は営業）、料金：大人3,300円、小学生以下2,000円　☎0288-78-0345

気軽に水遊び！ 川辺＆湖畔

●むじるしりょうひんかんぱーにゃつまごいきゃんぷじょう

無印良品カンパーニャ嬬恋キャンプ場

開設期間……4月下旬～11月上旬

予約受付 利用月の3カ月前の第1営業日から受付

TEL 03-5950-3660

URL https://www.muji.net/camp/tsumagoi/

美しいバラギ湖を見晴らす丘でさわやかなアウトドアライフ

日本百名山の浅間山、四阿山(あずまやさん)、草津白根山に三方を囲まれた標高1,300mの高原。目の前にはバラギ湖が広がる。気軽に自然を親しめる湖畔では、釣りやカヌーを満喫。湖畔を周回するサイクリングコースも楽しめる。また、キャンプ場内にはドッグランも整備しているので、リードを外して犬を走らせることもできる。キャンプ場は冬季も営業(宿泊は不可)。冬は良質なパウダースノーと氷の世界が広がる。そのフィールドを生かしてわかさぎ釣り、スノーハイキング、そり遊びなど、ほかでは味わえない冬のアウトドアの魅力も堪能できる。

日本有数の高原キャベツを作る風土。きれいな水と空気に満ちたキャンプ場

手ぶら度チェック!!

□テント レンタルOK
□調理用具 レンタルOK
□食材 持参しよう
□寝袋や寝具 レンタルOK
□燃料類 購入OK

アクセス&マップ

住所
群馬県吾妻郡嬬恋村干俣バラギ高原

コンビニ情報
車で約20分。

上信越自動車道・碓氷軽井沢ICから、県道43号を軽井沢方面へ。南軽井沢交差点左折、国道18号を小諸方面へ。中軽井沢駅前から国道146号、144号経由。碓氷軽井沢ICから、約80分(約50km)。

自然の起伏をできるだけ活かし、環境を破壊しない設備を提供

Camp Data

オートキャンプ　デイキャンプ　宿泊施設　売店　　　　　レンタル

カナディアンカヌー 1人3,740円。定員は10名なので、早めに申し込もう

気軽に水遊び！ 川辺&湖畔

利用料金

ここがおすすめ

入場料
サイト料金に含む

駐車料金
サイト料金に含む

サイト料金
オート/全200区画・2,750円（大人）、1,375円（小人）

INFORMATION

チェックイン
13:00〜

チェックアウト
〜12:00

管理人
8:00〜19:00
（夜間は緊急時のみ対応）

レンタル
ベーシックセット 13,200円（テント、タープ、テーブル、イス4脚、ワンマントルランタン、クッキングストーブ、シュラフ4本、銀マット、アイスボックス、コッフェル、食器セット、ウォータージャグ、包丁、まな板）など。
個別の道具レンタルもあり

店
センターハウス

設備
サニタリー棟（トイレ棟、炊事場）、家具の家など

メモ
利用前に必ずHPで確認

親子で楽しむメニュー

スポーツ　●カヌー

スクール　●ダッチオーブンでローストチキン
　　　　　　●羊毛で作る動物マスコット

ネイチャー　●氷上のワカサギ釣り

石窯で焼くピザの味は格別

約50種類のアウトドア教室。夏休みを中心にさまざま展開

　水面を渡る風に身をまかせ、時折パドリングの手を休めて深呼吸。そんなカヌーを体験してみてはいかが。進む・曲がる・止まるなどの基本的な操作を楽しみながら体験できる（3,740円、小学3年生以上）。また、「親子で楽しむ石窯ピザ体験」教室を開催。生地を伸ばしてトッピングして、石窯で焼き上げれば本格的なアツアツのおいしいピザが完成。参加料金は1,080円（材料代・保険代）。

立ち寄りスポット

嬬恋バラギ温泉湖畔の湯●高原の木々に囲まれた静かな環境の中にある日帰り温泉。新緑や紅葉シーズンに、ひと風呂浴びるのにピッタリ。●営業時間11:00〜19:00（夏期は問い合わせ）、毎月第2、第4水曜日休館。大人500円、小人300円　☎0279-80-6020

●ぴかふじさいこ

PICA富士西湖

開設期間……通年　**予約受付**　ネット予約

TEL **0555-30-4580**
（PICAヘルプデスク）

URL https://www.pica-resort.jp/saiko/

テントや多種多様なコテージなど 好みの宿泊スタイルを選び分け

　富士五湖のひとつ、西湖の湖畔に位置する森の息吹を味わうアウトドアリゾート。テントサイトのほか、別荘風のコテージからトレーラータイプのコテージ、パオやキャンピングカーサイトなど豊富な宿泊施設が利用者のアウトドア気分を盛り上げる。さらにカヌーや釣り掘、マウンテンバイクなどのアクティビティやアウトドア・クッキング、ドッグラン施設も備えている。さらに「ハッピーフライデー割引」「アフターホリデー割引」を使えば、リーズナブルな価格で質の高いアウトドア環境を利用することも可能だ。

ゲストハウスはウッディなつくり。チェックイン、レンタル品などの案内、ショッピングもこちら

アクセス＆マップ

住所
山梨県南都留郡富士河口湖町西湖2068-1

コンビニ情報
車で約16分。

手ぶら度チェック!!

□テント レンタルOK

□調理用具 レンタルOK

□食材 購入OK

□寝袋や寝具 レンタルOK

□燃料類 購入OK

"石"と"火"をテーマにしたトレーラーコテージ「Fire Base TAKIBI」

中央自動車道・河口湖ICから、国道139号を富士宮方面に向かう。11km先の「風穴」前を右折、2.5km先の交差点正面にキャンプ場が見える。河口湖ICから、約20分（約13km）。

Camp Data

 オートキャンプ
 デイキャンプ
 宿泊施設
 売店

 レンタル

AC電源 水洗トイレ シャワー・風呂 遊び場 風呂・温泉

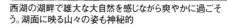

西湖の湖畔で雄大な大自然を感じながら爽やかに過ごそう。湖面に映る山々の姿も神秘的

ここが
おすすめ

利用料金

入場料
無料

駐車料金
無料

サイト料金
テント/1泊1,000円～
オート/1泊1,500円～
テント、オートを合わせて全54区画
コテージ/全57棟・1泊8,500円～

INFORMATION

チェックイン
14:00～

チェックアウト
7:00～

管理人
7:00～21:00（変動あり）

レンタル
小型テント2,500円、小型タープ
2,000円、テント・タープセット3,500
円、ランタン（ガソリン）1,200円な
ど

店
売店

設備
トイレ、炊事場、風呂/7:30～9:45、
15:00～24:00。ドッグラン（宿泊
者は無料）

メモ
シーズンによって料金は変動。場
内にゴミステーションあり。ペット
OK

親子で楽しむメニュー

スポーツ ●マウンテンバイク ●フィッシング
スクール ●カヌー
ネイチャー ●星空観察
●アウトドアクッキング（BBQ）

釣り竿などレンタル
も充実。アウトドア
ライフを満喫できる

たき火を楽しめるオプションや
アウトドアライフを満喫しよう

　PICA富士西湖では、たき火を楽しめるオプショ
ン食材やプランが充実。火を囲んでいつもと違う自
由なアウトドアライフを満喫できる。

　またスポーティに楽しみたいなら、PICA富士西
湖のレンタルMTB専用コースを利用。「パークコ
ース」と「シングルトラック」があり、レベルに合
わせて選べるから、初心者から上級者まで楽しむこ
とができる。

気軽に水遊び！ 川辺＆湖畔

立ち寄りスポット

富岳風穴・鳴沢氷穴●歴史的にも価値ある天然記念物の洞窟。ガイドツアーに申し込む
こともできる（有料）。●営業時間9:00～16:30・17:00・17:30・18:00（季節によって
異なる）。富岳風穴・鳴沢氷穴ともに最終入場は閉場30分前まで

●ぴかやまなかこ

PICA山中湖

開設期間……通年　**予約受付**　ネット予約

TEL 0555-30-4580　**URL** https://www.pica-resort.jp/yamanakako/
（PICAヘルプデスク）

自然豊かなロケーションで
お気に入りのスタイルを見つけよう

　山中湖畔の森の中で、キャンパーの過ごし方に合わせて選べるよう、テーマの違うコテージが各種用意されている。富士山麓の四季を感じることができる「FUJIYAMA KITCHEN」や、厳選した地元のお肉やこだわりの野菜をバーベキューで味わえる「FUJIYAMA GARDEN WORKS」が人気だ。

　「Hammock Cafe」では、森の中でハンモックに揺られながらコーヒーを飲んだり、ホットドックを食べたりと、至福の一時を過ごせるに違いない。大自然とその恵みをもらえるキャンプ場。日帰り利用できる施設も充実している。

過ごし方に合わせて選べるテーマにもとづいたコテージを用意

手ぶら度チェック!!

 □テント 設置不可　 □調理用具 レンタルOK　 □食材 購入OK

 □寝袋や寝具 備え付けあり　 □燃料類 購入OK

アクセス&マップ

住所
山梨県南都留郡山中湖村平野506-296

コンビニ情報
施設に隣接。

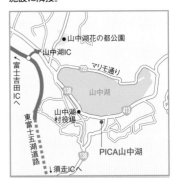

東富士五湖道路・山中湖ICから、朝日丘交差点を経由。山中湖ICから、約10分（約5km）。

一面ガラス張りの開放感あふれるコテージ・グランオーベルジュ

Camp Data

宿泊施設　売店　食堂　レンタル

AC電源　水洗トイレ　シャワー・風呂

利用料金

入場料
無料

駐車料金
無料

サイト料金
コテージ／全17棟・1泊13,000円～

INFORMATION

チェックイン	14:00～
チェックアウト	7:00～
管理人	7:00～21:00（変動あり）

レンタル
たき火台700円、ランタン（シングル）1,200円、LEDランタン800円、アルミ鍋400円、ツーバーナー1,700円、ガスコンロ800円、ダッチオーブン（10インチ）900円、おたま150円、こだわりBBQセット（1人前）大人用2,550円など

店
売店、食堂

設備
各部屋にトイレ・風呂、ゲストハウス（フロント、レストラン、ショップ、カンファレンスルーム）など

メモ
シーズンによって料金は変動。ペットOK

ここがおすすめ

コテージは国産の杉材を使用して建築。ハンモックを用意したコテージもある

親子で楽しむメニュー

スポーツ　●なし
スクール　●なし
ネイチャー　●アウトドアクッキング（BBQ）
　　　　　　　●星空観察

人気のダッチオーブン料理

アウトドアクッキング（キャンプ料理）では、いろいろな料理が堪能できる

　イタリアン、フレンチをベースとした欧風レストラン「FUJIYAMA KITCHEN」では、山梨県、静岡県の契約農家から届く野菜や甲州ワインビーフなど、富士山周辺の食材を使用した旬の料理を提供している。添加物を可能な限り排除し、体にやさしい料理作りにこだわっているのがポイントだ。また、アウトドアクッキングでは、ダッチオーブン料理やスキレット料理などさまざまなBBQを堪能できる。

気軽に水遊び！　川辺&湖畔

立ち寄りスポット

忍野八海●忍野村にある湧泉群。富士山の雪解け水が地下の溶岩の間で、約20年の歳月をかけてろ過され、湧水となって8カ所の泉をつくる。国指定の天然記念物、名水百選に指定。県の新富嶽百景にも選定されている。●見学自由

●たぬきこきゃんぷじょうみなみがわてんとさいと

田貫湖キャンプ場 南側テントサイト

開設期間……通年 **予約受付** ネット事前予約

TEL 0544-52-0155 **URL** tanukiko.com/

心癒やされる緑の空間と感動の絶景。自然満載の田貫湖でゆったり

絶景に感動しながらアウトドアライフを楽しめる、朝霧高原、田貫湖のほとりの公営キャンプ場。日の前には大きな富士山、そして手前には湖と美しい芝生が広がる。春は湖畔沿いに約350本のソメイヨシノや山桜が咲き揃い、初夏には南側テントサイト周辺で蛍が見られる。湖畔ではサイクリング、ボート遊び、釣りを満喫（釣り竿レンタル・餌の販売なし）。へら鮒釣りは親子でできる人気のメニュー。腕を競い合うと盛り上がる。白糸の滝へのハイキングコースもあり、大自然に囲まれた中で、思う存分アウトドアライフを楽しむことができそうだ。

好きな場所にテントを張れる。フリーサイトなので気軽に訪れることができる

手ぶら度 チェック!!

 □テント 持参しよう
 □調理用具 持参しよう
 □食材 持参しよう
 □寝袋や寝具 持参しよう
 □燃料類 持参しよう

アクセス＆マップ

住所
静岡県富士宮市佐折634-1

コンビニ情報
なし。

東名高速道路・富士ICから、西富士道路を経由、富士宮の小泉若宮交差点より国道139号を経由。富士ICから、約50分（約29km）。

4月下旬と8月20日の1週間前後はダイヤモンド富士も現れる

Camp Data

 デイキャンプ
 売店
 食堂
 レンタル

 水洗トイレ シャワー・風呂 遊び場 Wi-Fi

湖畔では釣り、サイクリング、ボート遊びなど、存分にアウトドアライフを楽しめる

利用料金

入場料
大人200円、小人200円、キャンプ延長料金は1名につき大人300円、小人100円

駐車料金 無料

サイト料金
テント/約160区画・2,500円
大型テント/3,500円
タープ/1,000円（タープのみの宿泊は不可）
予約したサイト（Aサイト、Bサイト）内のどこでも好きな場所に設営可能

INFORMATION

チェックイン 8:00～17:00

チェックアウト ～12:00（連休の場合は～11:00）

管理人 8:00～17:00
（12月～2月は16:00まで）

レンタル
BBQ用具、たき火台、テーブル、イス、など

店
売店、食堂

設備
管理棟、炊事場、自動販売機、温水シャワー（5分・200円）

メモ
ペットはリードを使用。手持ち花火の持ち込みは可能。打ち上げ花火禁止

 ここがおすすめ

親子で楽しむメニュー

スポーツ ●サイクリング
スクール ●なし
ネイチャー ●ボート ●自転車 ●フィッシング

大型の子ども向け遊具が充実。富士山をバックに楽しむキャンプは最高

自然豊富な田貫湖が遊び場。ボートやサイクリングを楽しめる

　自然いっぱいの田貫湖湖面にボートを浮かべれば、時の経つのも忘れてのんびりゆったり過ごすことができる。ボートは1隻1時間1,000円で貸し出し。あるいは田貫湖周辺をレンタルサイクルでサイクリングするのもおすすめ。おいしい空気を胸いっぱいに吸い込みながら、緑の中を颯爽と走り抜けてみよう。レンタルサイクルは30分300円、60分500円で借りることができる。

立ち寄りスポット

田貫湖キャンプBBQエリア●管理棟東側を利用して楽しむことができる日帰りバーベキュー。●受付11：00～、チェックアウト～16：00、手ぶらBBQセット6,000円／1名、サイト貸し4,000円（4名分・ゴミ処理代含む）　☎0544-52-0155（管理棟ようらくの家）

●あおきこきゃんぷじょう あんど あどべんちゃーくらぶ

青木湖キャンプ場&アドベンチャークラブ

開設期間……通年　**予約受付**　利用日の6カ月前の1日9時から受付

TEL 0261-23-1021　**URL** www.aokiko.com/

〝北アルプスの鏡〟青木湖西岸で四季折々のさまざまな表情を楽しむ

　神秘的に青く澄みきった〝北アルプスの鏡″青木湖の西岸にあるキャンプ場。オオヤマザクラの木の葉の香りを、青木湖の涼風が吹き運んでくる。朝は小鳥のさえずりで目覚め、昼は蝉の流れるようなリズムの中でウトウト。夕べには崩れ落ちるような星空がキャンパーに語りかける。四季折々の表情も魅力的。春はオオヤマザクラが咲き乱れ、夏は蝉時雨が耳にやさしい。秋は信州リンゴ、新そばの味が一段と美味。紅葉の林で山くるみ、キノコ狩りを楽しもう。冬は粉雪が舞い白銀の世界となる。四季折々の楽しみ方を自分なりに見つけてみるのも面白い。

四季を通じて自然の移り変わりを楽しめる、カラマツ林に囲まれたキャンプ場

手ぶら度チェック!!

□テント 持参しよう	□調理用具 レンタルOK	□食材 購入OK
	□寝袋や寝具 レンタルOK	□燃料類 購入OK

アクセス&マップ

住所
長野県大町市平20780-1

コンビニ情報
ローソンまで車で約10分。

南神城へ
大糸線
青木湖キャンプ場&アドベンチャークラブ
青木湖
ヤナバスキー場前駅（臨）
中綱湖
立山黒部アルペンルート海ノ口へ
簗場駅

長野自動車道・安曇野ICから、国道147号を大町方面へ、148号を白馬方面へ。安曇野ICから、約45分（約40km）。

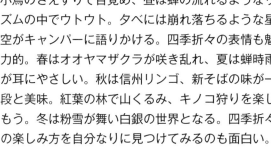

吹き渡る風が森林の香りを運び、ゆったりとした気分で過ごせる

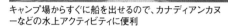

Camp Data

 オートキャンプ
 デイキャンプ
 宿泊施設
 売店
 レンタル

AC電源　水洗トイレ　シャワー・風呂　遊び場　風呂・温泉　Wi-Fi

 ここがおすすめ

キャンプ場からすぐに船を出せるので、カナディアンカヌーなどの水上アクティビティに便利

気軽に水遊び！ 川辺＆湖畔

利用料金

入場料
大人500円〜、小人400円〜

駐車料金
利用方法により異なる

サイト料金
テント/大人900円〜、小人720円〜、冬季駐車料1,500円〜、オート/閑散期・大人900円〜、小人720円〜、車540円〜、繁忙期・大人5名まで1区画・5,400円（テント、オートサイト合わせて全35区画）
コテージ/全4棟・1泊2名使用9,500円〜、バンガロー/全16棟・1泊1,600円〜

INFORMATION

チェックイン　12:00〜
チェックアウト　〜10:00
管理人　24時間
レンタル
テント（学校教育のみ貸し出し）、タープ貸し出しなし、炊事用品、寝具、SUP、自転車、釣具など
店　売店、食堂
設備
売店、浴室、自動販売機など
メモ
直火、爆竹、サイトの溝掘り、薪の持ち込み、炉の移動、ホットプレートの使用禁止。22:00〜5:00は静粛時間。ペットは許可制。犬・猫不可

親子で楽しむメニュー

スポーツ　●MTB　●ラフティング　●スノートレッキング　●カヌー　●トレッキングなど
スクール　●SUP　●カヤック・カナディアンカヌーなど
ネイチャー　●ホタル観賞会　●星観賞会　●いかだ作り　●農作業　●食の体験

青木湖ホタル観賞クルーズ。水上から幻想的な光のパフォーマンスを楽しめる

あらゆるフィールドが遊び場。トライアスロンにチャレンジ

　陸地ではMTBやサイクリング、水上では、SUP（サップ）、カヌー、ラフティング、ヨット、ウェイクボード・水上スキー、バナナボート、そして上空ではパラグライダーなど、あらゆるフィールドを使ってアドベンチャーを満喫できる。団体体験教室ではトライアスロンにチャレンジ（10歳以上10,800円）。MTB・カヌー・オリエンテーリング体験をレース形式で楽しむことができる。

立ち寄りスポット

黒部・立山アルペンルート●標高3,000m級の峰々が連なる、北アルプスを貫く世界有数の山岳観光ルート。大自然のダイナミズムを存分に楽しめる。360度のパノラマに感動。●問い合わせ／立山黒部総合案内センター　☎076-481-1500

●むじるしりょうひんつなんきゃんぷじょう

無印良品 津南キャンプ場

開設期間……5月上旬～10月下旬　　**予約受付**　利用月の3カ月前の第1営業日から受付

TEL　03-5950-3660　　**URL**　https://www.muji.net/camp/tsunan/

津南米を育てる水と土に育まれた 山に抱かれた緑豊かなキャンプ場

津南キャンプ場が位置する山伏山（やまぶしやま）は、ブナやミズナラ、白樺などの広葉樹林が広がる豊かな森。山伏山を中心とした里山に約100万㎡の広さを誇るキャンプ場だ。いろいろな昆虫などを観察することができたり、シーズン中には場内で、山菜採りも楽しめる。

また、隣接するANNEX山伏山森林公園は、アウトドアスポーツを満喫するためのフィールドがあり、森を巡るMTBコースは4コース（延べ6km）ある。さらに、公園の中心にある薬師湖では、カナディアンカヌーやカヤックが楽しめる。

眼下には、信濃川が育んだ日本最大級の河岸段丘が一望できる雄大なロケーションが広がる

□テント
レンタルOK

□調理用具
レンタルOK

□食材
持参しよう

□寝袋や寝具
レンタルOK

□燃料類
購入OK

手ぶら度
チェック!!

アクセス＆マップ

住所
新潟県中魚沼郡津南町上郷寺石

コンビニ情報
車で約20分。

関越自動車道・塩沢石打ICから、国道17号～353号～国道117号経由で津南町方面へ。塩沢石打ICから、約60分（約40km）。ほかにも上信越道・豊田飯山IC、北陸道・上越ICからのルートもあり。

標高903mの山伏山に隣接し、澄んだ空気がおいしい

Camp Data

オートキャンプ

デイキャンプ

宿泊施設

売店

レンタル

シャワー・風呂

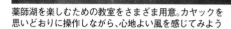

薬師湖を楽しむための教室をさまざま用意。カヤックを思いどおりに操作しながら、心地よい風を感じてみよう

ここがおすすめ

親子で楽しむメニュー

スポーツ	●カヤック　●カナディアンカヌー
スクール	●ふるさと体験教室　●森の手作りクッキング
ネイチャー	●わらぞうり作り　●山菜・タケノコ採り

石窯で焼くピザの味は格別

(右端・縦書き) 気軽に水遊び！　川辺&湖畔

利用料金

入場料
サイト料金に含む

駐車料金
サイト料金に含む

サイト料金
オート/全200区画・2,750円（大人）、1,375円（小人）
コテージ/全3棟・8,800円（料金以外にANNEX山伏山森林公園エリアの施設利用料が必要）

INFORMATION

チェックイン
13:00～

チェックアウト
～12:00

管理人
8:00～19:00
（夜間は緊急時のみ対応）

レンタル
キャンプが初めての人のためのベーシックセット13,200円、個別の道具レンタルも各種あり

店
センターハウス

設備
サニタリー棟（シャワー、コインランドリー）ゴミ収集所など

メモ
利用前に必ずHPで確認

薬師湖を使ってアウトドア。専用釣りエリアもある

　難しい専門用語などは使わないカヤック教室を開催。インストラクターから乗り方について丁寧な解説を受けられ、薬師湖に映る山伏山の景色を眺めながら、親子で安全に水上スポーツを楽しむことができる（小学3年生以上、1人3,740円）。また、「親子で楽しむ石窯ピザ体験」教室を開催。生地を伸ばしてトッピングして、石窯で焼き上げるピザ作りに挑戦してみては。

立ち寄りスポット

竜ケ窪温泉●竜をイメージした岩風呂「竜神の湯」と鎮守の森をイメージした木風呂「縄文の湯」がある。入館料大人650円、小学生350円（入湯税を含む）。営業時間10:00～21:00、定休日火曜日。●問い合わせ／竜神の館　☎025-765-5888

●かわいきゃんぷじょう

川井キャンプ場

開設期間……通年（年末年始休業）　　予約受付　随時（ネット予約）

TEL　0428-85-2206　　URL　https://www.okutamas.co.jp/kawai/

Camp Data

デイキャンプ　宿泊施設　売店　　　　　　レンタル

水洗トイレ　シャワー・風呂

ここがおすすめ　親子で楽しむメニュー

スポーツ	●ラフティング
	●フィッシング
スクール	●ピザ作り　●ドーナッツ作り
ネイチャー	●川での水遊びや魚釣り
	●マスのつかみ取り（5月～9月）

広い河原でのびのびと遊ぶことができる

奥多摩の山や川、森林を満喫しながらアウトドアライフが楽しめる

　東京のいちばん西に位置にする奥多摩にあるキャンプ場は、東京とは思えないほどの緑や川に囲まれている。来場者は車だけでなく、新宿駅から約90分、JR青梅線・川井駅から徒歩で約7分というアクセスのよさから、都心部から電車で訪れる人も多い。人気は広い河原でのバーベキュー。直火で楽しめるのもうれしい。体験プログラムも用意され、ペット連れが利用できるドッグサイトもある。

バーベキューセットは予約で用意してもらえる（1,150円～3,000円）

利用料金

入場料　無料

駐車料金
普通乗用車／1,000円（日帰り）、1,500円（1泊、10:30までに出庫した場合）

サイト料金
テント泊/1,800円～（1名）
デイキャンプ/1,500円～（1名）ほか

INFORMATION

チェックイン　14:00～
チェックアウト　～10:00
河原テント泊は～12:00
管理人　夏期24時間、それ以外は要問い合わせ

レンタル
包丁・まな板・トングなど小物類（各200円）、鉄板・網500円、バーベキューグリル1,000円、薪600円、炭3kg1,200円など

店
売店 8:30～20:00（夏期）

設備
バーベキューハウス、ドッグサイト、コインシャワー（5分・300円）など

メモ
音響機器の使用は禁止。キャンプファイヤーは21:00まで。ペットは一部専用エリアで可

アクセス＆マップ

住所
東京都西多摩郡奥多摩町梅沢187

コンビニ情報
セブンイレブンまで車で約3分。

圏央道・青梅ICから、都道5号線に入り奥多摩方面へ。国道411号線を奥多摩湖に進み、川井交差点を左折、奥多摩大橋を渡り右折後すぐ右側。青梅ICから、約40分（約18km）。

●あしのこきゃんぷむられいくさいどうぃら

芦ノ湖キャンプ村レイクサイドヴィラ

開設期間……通年　**予約受付**　随時（9：00〜20：00）

TEL **0460-84-8279**　**URL**　www.campmura.com/

Camp Data

オートキャンプ　デイキャンプ　宿泊施設　売店　　　レンタル

AC電源　水洗トイレ　シャワー・風呂　　風呂・温泉

**ここが
おすすめ**

親子で楽しむメニュー

スポーツ	●フィッシング（釣り竿の貸し出しなし）●サイクリング　●ハイキング
スクール	●なし
ネイチャー	●なし

テントサイトとオートテントサイトに分かれ、共同炊事場が
設置されている

芦ノ湖と箱根の山々に囲まれた
最高のロケーション

　箱根の芦ノ湖畔に位置し、自然を体に感じながらアウトドア体験を満喫できる。開放的なキャンプサイトや湖畔の林間に点在する別荘風のコテージは、独立タイプと連立タイプの2種類から選べる。

そんなキャンプ場を拠点にして、バーベキューやハイキング、サイクリングや釣りといったアウトドア、また近隣のパワースポットや水上アクティビティ、美術館や水族館などお楽しみスポットがいっぱい。

林間に点在する別荘風コテージ「ケビン棟」

利用料金

入場料　無料

駐車料金
普通乗用車/600円（1日料金、10：00チェックアウトの場合）

サイト料金
テントサイト/2,500円〜
オートサイト/5,500円〜（AC電源ありは7,500円〜）
デイキャンプ/1,750円〜
ケビン棟/全36棟・15,500円〜

INFORMATION

チェックイン　11：00〜20：00（テント・オート）、15：00〜20：00（ケビン）

チェックアウト　〜10：00

管理人　24時間

レンタル
炊事道具（各種100円〜）、卓上カセットコンロ1,000円、バスタオル200円など

店
売店 8：00〜20：00

設備
バーベキュー場、共同浴場、多目的ホール、ファイヤーリング

メモ
打ち上げ花火、音の出る花火禁止、ペット同伴禁止、芦ノ湖は遊泳禁止

アクセス&マップ

住所
神奈川県足柄下郡箱根町元箱根164

コンビニ情報
ローソンまで車で約7分。

東名高速道・御殿場ICから、国道138号線を箱根方面へ。仙石原交差点を右折し、芦ノ湖方面へ。御殿場ICから、約30分（約16km）。

●どうしのもりきゃんぷじょう
道志の森キャンプ場

開設期間……4月下旬～11月下旬　**予約受付**　キャンプは受付不要。バンガローは問い合わせ

TEL 080-4444-2440　**URL** doshinomori.jp/

Camp Data

オートキャンプ　デイキャンプ　宿泊施設　売店　食堂

水洗トイレ　シャワー・風呂　遊び場　風呂・温泉　Wi-Fi

**ここが
おすすめ**　**親子で楽しむメニュー**

スポーツ	●プール
スクール	●なし
ネイチャー	●川遊び　●水遊び

川のそばのサイトは、地面が土や石が中心。川のせせらぎ
を聞きながら眠るのも気持ちいい

予約不要のフリーサイトだから気軽に使える。
好みに応じたロケーションを満喫しよう

　キャンプサイトが道志川の支流、三ヶ瀬川沿い約2kmに
渡って広がり、林の中、川沿い、平坦な砂地、見晴らしの
よい場所など、さまざまなキャンプ生活を楽しむことがで

きる。予約不要のフリーサ
イトだから、思い立ったら
出かけられる気軽さがい
い。子ども連れならプール
付近がおすすめ。一方では
大人向けの静かな離れのサ
イトもある。利用する場所
を変えれば同じ場内でも違
った雰囲気を楽しめる。

プールではゴムボートを浮かべて楽し
むことができる

アクセス&マップ

住所
山梨県南都留郡道志村10041
コンビニ情報
なし。

中央自動車道・都留ICから、国道139
号を富士吉田方面へ。上谷交差点を
左折し、県道24号を道志村方面へ。右
折して国道413号を山中湖方面へ。都
留ICから、約40分（約22km）。

利用料金

入場料
800円（管理棟受付時）、
1,000円（巡回受付時）

駐車料金
1,000円（車、キャンピングカー）、
500円（バイク）
※繁忙期は変更あり

サイト料金
バンガロー/全11棟・2,200円、風
呂場使用料別、4,500円（3食付き、
風呂場使用料込み）

INFORMATION

チェックイン　12:00～
（GWや夏休み期間等の繁忙期
は8:00ごろから受付開始）
チェックアウト　～12:00
管理人　24時間（繁忙期）
レンタル
毛布300円など
店
売店、食堂
設備
風呂場500円、コインシャワー4
分・200円、6分・300円、野外食
堂
メモ
22:00～7:00まで場内への車乗
り入れは騒音防止のため禁止

沢城湖ハートランド牧場キャンプ場

●さわしろこはーとらんどぼくじょうきゃんぷじょう

開設期間……3月〜12月　**予約受付** 随時受付

TEL 0265-25-8977　**URL** https://sawashiroko.jimdofree.com

Camp Data

オートキャンプ　デイキャンプ　宿泊施設　　食堂

AC電源　水洗トイレ

ここがおすすめ

親子で楽しむメニュー

スポーツ	●カヌー　●フィッシング
スクール	●乗馬
ネイチャー	●なし

沢城湖の自然に囲まれた素朴なアウトドア施設。小さな湖のまわりで涼やかなキャンプを楽しめる

動物好きの子どもに人気のアニマルキャンプ場。本格的なウエスタン乗馬も体験できる

　カヌー、釣りなどが楽しめる沢城湖牧場にあるキャンプ場。インストラクターが丁寧に教えてくれるプランもある。標高850mに位置する小さな湖のまわりにサイトを配置。犬やヤギ、ミニブタなどもいて、動物好きの子どもなら大はしゃぎに違いない。

　乗馬は初心者でも安全に体験できる。本格的なウエスタンライディングを教えてもらえる乗馬施設を使ってアウトドアライフを楽しもう。

初心者でも丁寧にレッスンしてくれる乗馬体験

利用料金

入場料
300円（環境整備協力金）

駐車料金 無料

サイト料金
テント/1泊3,500円
（テント1張り1泊、タープ1,500円）
オート/1泊3,500円
（テント1張り1泊、タープ1,500円）

INFORMATION

チェックイン 13:00〜

チェックアウト 〜11:00

管理人 8:30〜18:00

レンタル
布団（シーツ、毛布、敷きマット）600円、BBQガス鉄板セット（3〜4人用）1,000円、たき火用ドラム缶500円など

店 売店

設備 なし

メモ
車で約10分のところに温泉施設「湯本 久米川温泉」あり。直火禁止、打ち上げ花火禁止。ペットOK

アクセス&マップ

住所
長野県飯田市大瀬木2627

コンビニ情報
車で約8分。

中央自動車道・飯田ICから、国道153号を阿智村方面へ。大瀬木交差点を右折して約3.5km。飯田ICから、約10分（約5km）。

●こみんかふぁみりーびれっじ　きゃんぷ／ばーべきゅーじょう

古民家ファミリービレッジ キャンプ/バーベキュー場

開設期間……3月上旬～11月末　｜予約受付｜ 3か月前の1日から

｜TEL｜ **042-978-5455**　｜URL｜ http://kominka-camp.com
(8:45～17:00)（火・水・木不定休）

Camp Data

 デイキャンプ
 宿泊施設
 売店

 レンタル

 AC電源　水洗トイレ　シャワー・風呂

 Wi Fi

ここがおすすめ

親子で楽しむメニュー

スポーツ	●川遊び、釣り（釣り竿レンタルあり）、トレッキング
スクール	●なし
ネイチャー	●なし

1640年代に建てられた古民家の管理棟

里山の風情ある古民家を管理棟にした ファミリー向けの小さなキャンプ場

　ファミリーが安心して過ごせるよう、入場に年齢制限を設けている。バンガローと古民家大部屋の宿泊プランは、バーベキューハウスの利用がついており、初心者でも手軽にキャンプ＆バーベキューを楽しむことができる。場内を流れる清流「名栗川」には絶滅危惧種の水生生物がたくさん生息し、初夏にはホタルが舞う。釣りや川遊び、野外料理やたき火など、里山ならではのキャンプが体験できるのも魅力。

川のすぐそばには、バーベキューハウスがある

利用料金

｜入場料｜
大人（中学生以上）：880円、子ども（1歳～小学6年生）：440円、0歳：無料、ペット：440円

｜駐車料金｜
1サイト1台までは無料
※バンガロー9畳・古民家大部屋は2台まで無料。規定台数以上は1台につき1,650円

｜サイト料金｜
地上サイト/2,750円～、河原フリーサイト（宿泊）/2,200円～、河原フリーサイト（日帰り）/1,650円～、バーベキューハウス/1,650円～、バンガロー2.5畳～/4,400円～、古民家大部屋/13,200円～など

INFORMATION

チェックイン	宿泊12:00～ほか
チェックアウト	宿泊～10:30ほか
管理人	24時間
レンタル	品揃え豊富
店	8:45～17:00
設備	

管理棟、シャワー24時間利用可（3分100円）、自動販売機、無料AC電源（地上サイト・バンガロー・古民家大部屋）

| メモ | ペットOK |

アクセス＆マップ

｜住所｜
埼玉県飯能市上名栗87

｜コンビニ情報｜
セブンイレブンまで車で約15分。

圏央道・青梅ICから、岩蔵街道から成木街道を経て名栗・秩父方面へ約40分。または、圏央道・狭山日高ICから、国道299号線から県道70号線（飯能下名栗線）を経て約40分。

絶好の遊び場が目の前!

海辺

磯遊びを安全に楽しむために
危険な生物や足場は要チェック！

　海は見ているだけでも心が躍る場所です。海水浴や磯遊びなど、楽しみもいっぱいあります。特に磯遊びは自由にできるので人気があります。岩場から出てきたカニやヤドカリ、小さな魚たちをつかまえることで子どもたちは大喜びします。そんな楽しい磯遊びですが、安全には注意が必要です。岩場や浅瀬の水の中は平坦ではありません。すべりやすい場所やとがった岩、硬い石などがあり、ケガをしやすいところです。静かにゆっくりと動くことが重要です。楽しいからといって、走ったり急いで動くことは危険が伴いますので止めさせましょう。

　また、水辺には触ってはいけない危険な生き物がいることも頭に入れておきましょう。トゲがあるウニの一種ガンガゼやハオコゼ、ヒレに毒があるアイゴ、クラゲの仲間など危険な生き物は調べておくとよいでしょう。

● わかすこうえんきゃんぷじょう

若洲公園キャンプ場

開設期間……通年　**予約受付**　利用日の1カ月前の1日から受付

TEL 03-5569-6701　**URL** www.tptc.co.jp/park/03_09/camp

潮風を受けながら
都会でキャンプ＆バーベキュー

　都内でキャンプが楽しめる場所を探すのはひと苦労。そこでおすすめなのが東京湾沿いにある若洲公園キャンプ場。場所は23区ということもありアクセスが非常によく、都内でも人気のスポット。最大の魅力は1泊2日で大人600円という料金の安さ。海の香りを体感しながら、キャンプやバーベキューを楽しむことができる都会のオアシスなのだ。

　キャンプサイトは117区画あり、家族連れからボーイスカウト、学校行事にも利用される（1組20名まで）。野外炉は33カ所、ファイヤーサークルも5カ所ある。

海釣りを楽しむ人も多く、釣り竿のレンタルもできる

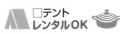□テント
レンタルOK　□調理用具
レンタルOK　□食材
購入OK

**手ぶら度
チェック!!**　□寝袋や寝具
レンタルOK　□燃料類
購入OK

アクセス＆マップ

住所

東京都江東区若洲3-2-1

コンビニ情報

セブンイレブン、ファミリーマートまで車で約5分。

サイトは区画されており、サイズは6m×8mと5m×6mの2タイプ

首都高速湾岸線・新木場ICから、国道357号線東京ヘリポート方面へ。ゲートブリッジを目標に進み、橋は渡らず手前で左車線へ。新木場ICから、約8分（約4km）。

Camp Data

  デイキャンプ 売店   レンタル

 水洗トイレ   遊び場 Wi-Fi

多目的広場に設置されている遊具は子どもに大人気

ここがおすすめ

親子で楽しむメニュー

スポーツ	●フィッシング　●サイクリング
スクール	●なし
ネイチャー	●なし

公園の外周部には約6kmのサイクリングロードが設置されている

絶好の遊び場が目の前！海辺

利用料金

入場料
15歳以上300円〜（宿泊は600円）、小・中学生150円（宿泊は300円）

駐車料金
500円（普通車1台1日）
2,000円（大型車1台1日）

サイト料金
入場料のみ（時間制）

INFORMATION

チェックイン
10:15〜16:00

チェックアウト
〜10:00（日帰りは21:00）

管理人　夜間は警備員常駐

レンタル
手ぶらキャンプ、手ぶらバーベキュープランなどあり。詳しくは若洲アウトドアセンター・予約センター☎050-5835-0493（9:00〜18:00）まで

店
売店

設備
管理棟、水洗トイレ、炊事場、自動販売機、ファイヤーサークル、サイクル広場

メモ
受付前のキャンプ場への入場、荷物の持ち込み、リアカーの貸し出しは不可

海釣りやサイクリングさらにレクリエーションも！

　公園内には往復6kmのサイクリングロードが設置されており、海沿いのサイクリングが楽しめる。レンタサイクルもあり、普通の自転車や2人乗り自転車なども手軽に利用できる。サイクル広場ではおもしろ自転車のレンタルも人気。また多目的広場にはアスレチックもあり、子どもも存分に楽しめる。園内の若洲アウトドアセンターでは釣り具のレンタルも行っている。

立ち寄りスポット

東京ゲートブリッジ●ユニークな形の橋で恐竜橋と呼ばれている「東京ゲートブリッジ」。日没後にはライトアップされ、橋からの景色は見応えあり。●歩道通行時間10:00〜17:00、毎月第3火曜日・12月の第1火曜日定休　※強風や豪雨、凍結など悪天候時休。通行無料

●わしまおーときゃんぷじょう

和島オートキャンプ場

開設期間……4月1日〜11月30日　予約受付　随時受付

TEL **0258-74-3010**　URL　http://kizuna-camp.com/washima-camp/

大パノラマが展開するオーシャンビュー。
日本海に沈む真っ赤な夕陽も美しい

　高台に位置する立地から、日本海を180度見渡せる絶景のロケーション。丸い地球の大パノラマが展開するオーシャンビューのキャンプ場だ。サイトから朝陽と夕陽を眺めながらゆっくりと過ごすことができる。特に夕陽の美しさは圧巻。真っ赤に染まる日本海を見ることができる。海へつながる遊歩道を下れば直接海へ行けるのも便利。海水浴や海釣りの拠点として親しまれ、夏には多くの家族連れでにぎわう。キャンプ場周辺には、新鮮な魚が手に入る「魚のアメ横」や日帰り入浴が楽しめる施設もある。いずれの施設も車で約20分程度でアクセス可能。

ウッドデッキがついたキャビンや水洗トイレ完備のバンガローもあり、充実のキャンプライフを満喫できる

手ぶら度チェック!!

□テント　レンタルOK　□調理用具　レンタルOK　□食材　購入OK

□寝袋や寝具　レンタルOK　□燃料類　購入OK

アクセス&マップ

住所
新潟県長岡市両高1

コンビニ情報
車で約5分。

北陸自動車道・西山ICから、国道116号を新潟方面へ。和島の落水交差点を左折、海が見えたら右手。西山ICから、約20分。北陸自動車道・中之島見附ICから、約30分のルートもあり。

心地よい潮風と輝く太陽を体いっぱいに感じられるキャンプ場

Camp Data

 オートキャンプ　 デイキャンプ　 宿泊施設　 売店　 食堂　 レンタル

 AC電源　 水洗トイレ　 シャワー・風呂　　　Wi-Fi

高台から望む日本海は180度の大パノラマ。海水浴や海釣り利用にも親しまれている

ここがおすすめ

利用料金

入場料
大人400円、小人200円

駐車料金
無料

サイト料金
Aサイト（芝生・AC電源あり）／全23区画・6,000円（1泊）、2,000円（日帰り）、延長1時間当たり500円
Bサイト（芝生）／全22区画・4,500円（1泊）、1,000円（日帰り）、延長1時間当たり500円
Cサイト（ペット可能サイト）／全9区画・3,000円（1泊）、1,000円（日帰り）、延長1時間当たり500円
ほかキャビン4棟、バンガロー5棟
※料金は、季節により変動

INFORMATION

チェックイン　14:00〜
チェックアウト　〜11:00
管理人　8:30〜17:30
（宿泊者がいる場合は24時間）
レンタル
テント、たき火台など
店
食堂、売店（個人、夏季）
設備
シャワー（5分・200円）
メモ
日帰りは11:00〜14:00。ペットOK

親子で楽しむメニュー

スポーツ　●フィッシング　●スケートボード
スクール　●なし
ネイチャー　●昆虫採集　●クラフト体験

キャンドルやレザーなどのクラフト体験も開催されている

絶好の遊び場が目の前！ 海辺

子ども広場や釣り場でいっぱい遊べる。親子で楽しめるクラフト体験も人気

　海と山と空とが三拍子揃った空間は、子どもも大人も大満足。海は遠浅の海岸なので、小さな子どもも安心して遊ぶことができ、釣り場では魚釣りを楽しむこともできる。森林遊歩道もあり、クワガタなどの昆虫採集もできる。また運動をしたい人には、スケボーパーク（利用可能時間8:00〜18:00）もある。さらに毎週土曜日には、キャンドルやレザーなどのクラフト体験のワークショップも開催される。

立ち寄りスポット

寺泊魚の市場通り　●鮮魚店舗数11を誇る、新潟県を代表するお魚ストリート。多くの県内外の個人やツアーの観光客も足を運ぶ。BBQ用の鮮魚を買い求めるならここ。●営業時間8:30〜17:00、無休、長岡市寺泊下荒町　☎0258-75-3363（寺泊観光協会）

千葉県
勝浦市

海辺

●えーしーえぬおーときゃんぷ いん かつうらまんぼう

ACNオートキャンプ in 勝浦まんぼう

開設期間……通年 　予約受付　 電話受付(GWは3月より、夏休みは6月より受付開始)

TEL　**0470-73-9573**　URL　www.manbow-camp.jp/

Camp Data

オートキャンプ　デイキャンプ　宿泊施設　売店　食堂　レンタル

AC電源　水洗トイレ　シャワー・風呂　風呂・温泉

ここが
おすすめ

親子で楽しむメニュー

スポーツ	●シーカヤック　●海水浴
	●フィッシング　●サーフィン
スクール	●シーカヤック(インストラクター付き)
ネイチャー	●ハイキング

オートキャンプ場は23区画。原生林が強風から守ってくれる

海&キャンプ好きは大注目！
海のさまざまなアクティビティが楽しめる

　海水浴場まで徒歩5〜6分、海釣りができる堤防までは徒歩3分と、まさに海にあるキャンプ場。テントサイトは原生林に囲まれており、海だけでなく山も楽しめる。サイトは23区画でバンガローも15棟と、家族連れやカップル、少人数の仲間での利用が多く比較的小さめなキャンプ場だが、その分静かに楽しめる。海まで歩いていけるので、シーカヤックやサーフィン、海釣り、海水浴、磯遊びなどが楽しめる。

インストラクターが同行するので初めてでも安心してチャレンジできる

アクセス&マップ

住所
千葉県勝浦市松部1910

コンビニ情報
セブンイレブンまで車で約10分。

圏央道・市原鶴舞ICから、国道297号線で勝浦方面へ。国道128号を左折、約2km直進。市原鶴舞ICから、約50分(33km)。

利用料金

入場料　無料

駐車料金
1,080円(宿泊者は無料)。

サイト料金
オート/5,500円(車1台4名まで・ハイシーズンは6,600円)※AC電源利用は+1,100円、バンガロー/11,000円〜16,500円、デイキャンプ/770円(1名10:00〜16:00)、バーベキュー/550円(1名3時間以内)

INFORMATION

チェックイン　13:00〜16:00
チェックアウト　7:00〜11:00
管理人　8:00〜18:00

レンタル
ツーバーナー2,000円、ガスランタン1,200円、タープ2,000円、テーブル1,000円、鉄板500円、大なべ300円など

店　売店

設備
管理棟、トイレ、足洗い場、家族風呂1,000円、温水シャワー4分・200円、コインランドリー

メモ
直火、花火禁止。消灯22:00

●わいるどきっずみさきおーときゃんぷじょう

ワイルドキッズ岬オートキャンプ場

開設期間……通年 | 予約受付 随時

TEL 0470-87-7141 | URL www.wildkids.jp/

Camp Data

| オートキャンプ | デイキャンプ | | 売店 | 食堂 | レンタル |

| AC電源 | 水洗トイレ | シャワー・風呂 | 遊び場 | 風呂・温泉 | Wi-Fi |

ここが おすすめ

親子で楽しむメニュー

スポーツ	●フィッシング
スクール	●なし
ネイチャー	●バードウォッチング

サイトは4段のひな壇状展望サイト、沼畔サイトと海がすぐそばのサイトがある

太平洋を望む眺望、ロケーションと 天然温泉でゆったり気分が味わえる

　海岸線が広がる九十九里の最南端にあるこのキャンプ場は、年中営業しており冬でも比較的温暖な気候でにぎわっている。山と湖と海に囲まれたロケーションは最高。海水浴場まで1.8kmという近さで、海釣りの穴場スポットも数多くある。

　露天風岩風呂は真っ黒な湯のヨード風呂で、皮膚病に効果があり、肌がスベスベになると好評。施設内には弥生時代の遺跡や子ども広場もある。

地下70mよりくみ上げた鉱泉水のヨード風呂は肌にいいと大人気

利用料金

入場料
大人320円、小人210円

駐車料金
530円(サイトに乗り入れない車)

サイト料金
オート/5,250円(連泊割引あり)
デイキャンプ/2,800円
バーベキュー/800円〜

INFORMATION

チェックイン 13:00〜16:00

チェックアウト 〜11:00

管理人 日中

レンタル
テント2,500円、タープ2,500円、シュラフ500円、バーベキューコンロ700円〜、テーブル200円〜、イス100円〜など

店 売店

設備
管理棟、売店、炊事場、バーベキュー場、露天風岩風呂(ヨード風呂)、子ども広場、遊歩道、展望台、多目的テラス、釣り場

メモ
芝の上での直火、打ち上げ&音の出る花火は禁止

アクセス&マップ

住所
千葉県いすみ市岬町和泉687

コンビニ情報
セブンイレブンまで車で約5分。

圏央道・茂原長南ICから、長生グリーンライン、房総横断道路、県道147号線を経て房総横断道路に入る。看板を見ながら湖の脇を通りマンションの駐車場を通り抜ける。茂原長南ICから、約40分(約26km)。

静岡県
西伊豆町
海辺

●うぐすきゃんぷじょう

宇久須キャンプ場

開設期間……4月上旬～11月下旬　予約受付　4月上旬から受付

TEL **0558-55-0311**　URL https://ikoyo-nishiizu.jp/ugusu/

Camp Data

売店　食堂

水洗トイレ　シャワー・風呂　　　　　　Wi-Fi

ここがおすすめ

親子で楽しむメニュー

スポーツ	●海水浴
スクール	●なし
ネイチャー	●磯遊び
	●星空観賞

水平線に沈む夕陽が目の前に見え、夏には海水浴目当てのキャンパーでにぎわう

全長500mにわたる遠浅海岸。西伊豆の自然を十二分に満喫できる

　伊豆半島最大の海岸キャンプ場。収容は100サイト、駐車場100台の規模を誇る。管理棟のほか水洗トイレ、温水シャワー、炊事棟、更衣室などの設備が充実。目の前には全長500mにわたる遠浅の海水浴場が広がっており、海水浴はもとより、磯遊びも楽しめる。水平線に沈む夕陽を眺めながらの夕食や満天の星空、浜辺に寄せる波の歌など、西伊豆町の自然を十二分に満喫できるキャンプ場だ。

海水浴はもちろん、小さな子ども連れでも安心して磯遊びができる

アクセス&マップ

住所
静岡県賀茂郡西伊豆町宇久須2102-13

コンビニ情報
セブンイレブンまで車で約1分。

東名高速・沼津ICから、東駿河湾環状道路、伊豆中央道、修善寺道路、西伊豆バイパスを経由して国道136号を西伊豆方面へ。沼津ICから、約75分(約67km)。

利用料金

入場料
無料

駐車料金
1,000円(1泊)

サイト料金
テント/全100区画・1泊5,500円、日帰りキャンプサイト/テントサイトの半額

INFORMATION

チェックイン　12:00～
チェックアウト　～11:00
管理人　8:30～17:00

レンタル
毛布200円など

店
食堂、売店(個人、夏季)

設備
水洗トイレ、炊事棟、更衣室、温水シャワー3分・200円、自動販売機

メモ
サイトでの直火、ペット類の持ち込み、発電機、カラオケ、21時以降の花火、海水浴場内での釣り、銛(もり)の使用、バーベキュー(海岸)、ジェットスキー、ウインドサーフィン、ヨット、ボート禁止

珍しい生き物や
木がいっぱい!

山間

自然の中に入ることはそれなりの準備が必要
天候の変化にも対応できるよう用意は万全に!

　森林浴を楽しんだり、花や虫を観察したりできる山間でのキャンプ。でも楽しいだけではありません。生活する植物や動物、昆虫たちがいることを忘れないことが大切です。**虫よけグッズを持っていくこと**や、夏でも**半袖や短パンといったラフな格好での行動は慎みましょう**。またサンダルなどではなく、足を包み込む**スニーカーを履く**ようにしてください。山の生態が変わらないように、ゴミは必ず持って帰ることも心掛けましょう。

　山は天候が変わりやすいのも特徴のひとつ。それなりの準備が必要です。森の奥や高い位置では、朝夕夜の気温は日中とは違いがあります。**防寒対策を備えておきましょう**。また風向きや雲行きなどの天候の変化を感じたら、撤退するといった判断も重要です。安全に楽しく山間キャンプを楽しみましょう。

●あしがらしんりんこうえん まるたのもり

足柄森林公園 丸太の森

開設期間……通年　**予約受付**　随時受付（休日あり）

TEL 0465-74-4510　**URL** www.k-mask.jp/maruta/

園内キャンプ場をリニューアル
年間を通した森遊びが体験できる

　標高270mに位置し、総面積24ヘクタールの森林空間に囲まれた公園内には、スギやヒノキに代表される針葉樹とクヌギやコナラなどの広葉樹とが広がり、四季折々の野草や野鳥を楽しむことができる散策路が整備されている。また夏には、園内キャンプ場を流れる川での川遊びが楽しめるほか、南足柄の歴史を体感できる茅葺き屋根の古民家や木造校舎などを見学することができる。さらに令和3年の夏シーズンにキャンプ場のリニューアルを実施し、年間を通じてのキャンプ（バンガロー・テント）やバーベキューもできるようになった。

園内にはけやきの広場、親子広場、紅葉の広場などがある

手ぶら度チェック!!

□テント レンタルOK
□調理用具 レンタルOK
□食材 事前予約
□寝袋や寝具 レンタルOK
□燃料類 購入OK

テントサイトはウッドデッキなので、濡れや汚れの心配が少ない

アクセス&マップ

住所
神奈川県南足柄市広町1544

コンビニ情報
ローソンまで車で約10分。

東名自動車道・大井松田ICから、県道78号線および県道723号線を通り、南足柄方面へ。大井松田ICから、約20分（約9km）。

キャンプ場脇を流れる川で川遊びも楽しめる

Camp Data

デイキャンプ　宿泊施設　売店　　　　　　レンタル

水洗トイレ　シャワー・風呂　遊び場　　　　Wi-Fi

ここがおすすめ

利用料金

入場料
中学生以上440円、小学生330円、未就学児無料

駐車料金 無料

サイト料金
テントデッキ(4m×6m)/18区画・4,400円、テラスデッキ(7m×7m)/2区画・9,900円、8人用バンガロー/10棟・15,400円、12人用バンガロー/2棟・22,000円

INFORMATION

チェックイン 13:00〜

チェックアウト 〜10:00

管理人 24時間

レンタル
屋根ありバーベキューカマド(日帰り)/屋根あり1区画・1,100円/屋根なし1区画・550円、飯ごう330円、中鍋160円、包丁110円、まな板100円、ザル100円、ボウル100円、お玉50円、しゃもじ50円など

店
管理棟で薪・木炭・消耗品などの備品販売あり

設備
管理棟、トイレ・シャワー棟(コインシャワー)、炊事棟、石窯、自動販売機

メモ
直火不可、洗剤類は備え付けのものを使用、音響機器・エンジン式発電機の使用不可、ペットNG

親子で楽しむメニュー

スポーツ ●森の空中あそびパカブ　●園内スタンプラリー　●トレイルランニングサーキットコース(2km)

スクール ●なし

ネイチャー ●森遊び　●ファミリーデイキャンプ　●あしがらアドベンチャーキャンプ(小学生向けサマーキャンププログラム)

キャンプ場では食材を持ち込んでの日帰りバーベキューもできる

森の中でおもいきり体を動かして心も体もリフレッシュ

　丸太の森園内には、無料で楽しめるスタンプラリー、ターザンロープや子ども用ボルダリングウォールなどの木製遊具などが点在しており、森の中で遊ぶことのできる仕掛けが盛りだくさん。また、世界最大級、アジア初のアクティビティとなる「森の空中あそびパカブ」(有料)は家族での利用はもちろんのこと、幼児期の子どもからシニア層まで、誰もが楽しめる。

立ち寄りスポット

モダン湯治 おんり〜ゆ〜●38℃の森林露天風呂で長湯を楽しめる。42℃の温泉も用意されている。サウナ、水風呂、森の中での外気浴もおすすめ。●営業時間10:00〜20:00、料金:大人2,310円、小学生1,210円、3歳以上660円　☎0465-72-1126

●ありのみえんおーときゃんぷじょう

有野実苑オートキャンプ場

開設期間……通年　**予約受付**　随時受付（基本3カ月先まで予約可）

TEL **0475-89-1719**　**URL** www.arinomi.co.jp/

緑豊かな森と農園に囲まれたキャンプ場

　都心から約90分というアクセスのよい立地ながら、きれいな空気。新鮮な産物に恵まれた緑豊かな森と、農園に囲まれたキャンプ場だ。サイトは木々に囲まれて区画されており、快適に過ごせるのも特徴のひとつ。約8m×8mのA・B・Cサイト、中型キャンピングカーに対応できる約9m×9mのDサイト、1名用の約5m×5mのソロサイトとサイズも選べ、ログキャビンや屋根付きのテラスサイトも用意されている。サイトのバリエーションが豊富なうえ、季節ごとの収穫体験やクラフト教室などもあり、四季を通じて利用したい。

オートキャンプサイトには多くの木々が植えられ、個別に区切られている

手ぶら度
チェック!!

□テント
持参しよう

□調理用具
持参しよう

□食材
持参しよう

□寝袋や寝具
レンタルOK

□燃料類
購入OK

アクセス&マップ

住所
千葉県山武市板中新田224

コンビニ情報
セブンイレブンまで車で約13分。

東関東自動車道・酒々井ICから、降りた十字路を右折、1.5km先の交差点を左折し、県道77号線へ。芝山方面へ9.3km、いちご園を左折して1km。酒々井ICから、約30分（約12km）。

クヌギやケヤキ、桜の木に囲まれた緑豊かなオートサイト

Camp Data

 オートキャンプ
 デイキャンプ
 宿泊施設
 売店
 食堂
レンタル

 AC電源
水洗トイレ
シャワー・風呂
遊び場
風呂・温泉

利用料金

入場料
サイト料金に含む。ペット3匹まで800円

駐車料金 無料

サイト料金
オートキャンプサイト/3,700円～、ソロサイト/3,100円～、キャンパーズテラスサイト/6,200円～、ログキャビンサイト/8,600円～、キャンパーズシェッドサイト/6,200円～、デイキャンプ/3,100円～

INFORMATION

チェックイン 12:00～
チェックアウト ～11:00
管理人 24時間
レンタル
テーブルセット1,700円、チェア600円、ランタン1,100円、たき火台1,200円、寝袋や寝具のレンタルは休止中(スタッフに相談すれば貸し出しも可)

店 8:30～17:00

設備
センターハウス、露天風呂、家族風呂、ミニプール、炊事場、子どもひろば、ゴミステーション、ランドリー、ドッグラン

メモ
3家族以上の団体、家族以外のグループ(2人以上)の予約不可。ペットOK

ここがおすすめ

大人気のイチゴ狩り体験

親子で楽しむメニュー

スポーツ ●子ども用プール(夏季)　●タンデム自転車
スクール ●クラフト教室
ネイチャー ●収穫体験
●イチゴ狩り(1月～5月GW頃まで)

1年を通して収穫体験ができる

珍しい生き物や木がいっぱい!　山間

1年を通して楽しめる野菜や果実の収穫体験が人気

　サツマイモや夏野菜など、1年を通して楽しめる収穫体験が人気で、1月から5月中旬までは、イチゴ狩りもできる。ほかにもクラフト教室やタンデム自転車など、キャンプ以外の楽しみ方も豊富だ。また、キャンプ場に併設されている農園リストランテ「ヴェルデューレ リッコ」では、新鮮素材にこだわり、アウトドアテイストを盛り込んだ創作イタリアンが楽しめる。

立ち寄りスポット

酒々井プレミアムアウトレット●チャムス、コールマンといったアウトドアショップも入っているアウトレット。アメリカの街並みをイメージして作られ、約180のショップが揃う。●営業時間10:00～20:00(季節により変動あり)　☎043-481-6160

栃木県
那珂川町

山間

●えーしーえぬ さんたひるず

ACNサンタヒルズ

開設期間……通年　**予約受付**　ネットは随時　電話受付（9:00～17:00）

TEL 0287-96-4622　**URL** www.santahills.co.jp/

女性や子どもに大人気！
自然とアイデアあふれるサンタの国

　サンタクロースの家をはじめとするコテージが立ち並び、サンタの世界がお出迎えしてくれるキャンプ場。大自然に囲まれた20棟の個性的なコテージは、暖房付き、ドッグラン付き、ツリーハウスなど、すべて手作り。また、2つのロケーションから選べるキャンプサイト、ギャラリーカフェ、クリスマス雑貨ショップなどがあり、ファミリーでもグループでも楽しめる場所。レンタル品も豊富にあり、道具一式が揃う「てぶらセット」も人気で、初めてアウトドアをしたいと思っている人にはおすすめ。イベントや体験教室なども開催されている。

個性的な手作りコテージが多数並ぶ場内。写真は天使のツリーハウス「エミル」

アクセス&マップ

住所
栃木県那須郡那珂川町三輪967

コンビニ情報
ファミリーマートまで車で約6分。

手ぶら度チェック!!

□テント レンタルOK　□調理用具 レンタルOK　□食材 購入OK

□寝袋や寝具 レンタルOK　□燃料類 購入OK

東北自動車道・矢板ICから、宇都宮方面へ。片岡交差点を左折、県道74号線へ。台町T字路を右折、本町交差点を左折。293号線を進み看板を左折。矢板ICから、約30分（約20km）。

テントサイトは、林間サイトと広々サイト&キャンピングカーサイトがある

Camp Data

 オートキャンプ デイキャンプ 宿泊施設 売店 食堂 レンタル

 AC電源 水洗トイレ シャワー・風呂 遊び場 風呂・温泉 Wi-Fi

利用料金

入場料
大人800円、小人400円

駐車料金
無料

サイト料金
オート/50区画・3,000円〜6,000円
（AC電源なし）、AC電源ありは＋
1,000円
コテージ・ロッジ/20棟・10,000円
〜40,000円（4名までの場合）

INFORMATION

チェックイン	12:00〜
チェックアウト	〜12:00
管理人	24時間

レンタル
テント3,500円〜4,500円、タープ
2,500円〜3,000円、バーベキュ
ー機材1,000円〜1,500円、寝袋
500円、手ぶらセット12,000円4
名）など

店
9:00〜18:00（季節により〜20:00）

設備
センターハウス、炊事場、トイレ棟、
ランドリー、コインシャワー（5分・
200円）、サンタバス（大人600円・
小学生以下400円）、雑貨ショッ
プ・ギャラリー

メモ
夜間のゴミ出しは禁止。ペットOK

**ここが
おすすめ**

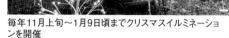
毎年11月上旬〜1月9日頃までクリスマスイルミネーショ
ンを開催

珍しい生き物や木がいっぱい！　山間

親子で楽しむメニュー

スポーツ	●なし
スクール	●スノードーム　●ソーラーランタン
ネイチャー	●昆虫採集　●ホタル観賞
	●野鳥、星空観察会

年間を通していろ
いろなイベントを開
催。写真は10月に
開催されるいも掘り
大会の様子

サンタの森には
遊び空間がいっぱいあるぞ

　サンタクロースやこびとの妖精たちが住む家をイ
メージして作られた「サンタクロースの家」や11
月から年明けまでのイルミネーションを見学をした
り、森の中のカフェ「Komorebi」で食事を楽しむ
こともできる。特に子どもたちと一緒に作ったとい
う、遊び心いっぱいの「こどもたちのひみつきち」
は大人気。クリスマスの雑貨ショップもオープンし
ており、1年中クリスマスの雰囲気を味わえる。

立ち寄りスポット

なかがわ水遊園●日本でも珍しい淡水魚の水族館。イベント、体験講座、水遊び、釣り、ショッピングも楽しめるアクアパーク。●営業時間9:30〜16:30、料金：高校生以上650円、小・中学生250円、小学生未満の幼児は無料　☎0287-98-3055

群馬県 前橋市

山間

●あかぎやまおーときゃんぷじょう

赤城山オートキャンプ場

開設期間……通年（冬季不定休）　**予約受付** 3カ月前の1日8時〜ネット受付

TEL 027-283-8368　**URL** autocamp-akagi.com

赤城山の自然触れることができる。豊富なサイトロケーション！

　関東平野を一望できる赤城山の標高550〜600mに位置、豊富な自然に囲まれている。さまざまなタイプのキャンプサイトがあるため、あらゆニーズにも応えられるのが特徴。炊事場やトイレに近い「ブルー区画サイト」や、遊び場が目の前にある「プレイサイト」などが人気。宿泊施設も充実しているので、初心者でも安心だ。また、複数家族で利用できる「多家族サイト」もあるため、仲良し家族でキャンプを楽しむことも可能。直営の養豚場から届く「こめこめ豚」も販売しているので「美味しいキャンプ」を楽しむことができる。

赤城の自然で心を癒やしながら、周辺施設でもたくさん遊ぶことができる

□テント レンタルOK　□調理用具 レンタルOK　□食材 購入OK

手ぶら度 チェック!!

□寝袋や寝具 レンタルOK　□燃料類 購入OK

アクセス＆マップ

住所
群馬県前橋市三夜沢町425−1

コンビニ情報
車で約7分。

関越自動車道・赤城ICから、県道70号を北へ進み、交差点「溝呂木」を直進、交差点「三夜沢町」を右折して約0.4km。赤城ICから、約40分（約16km）。

キャンプ場内には、子どもに大人気のターザンロープを設置

Camp Data

 オートキャンプ
 デイキャンプ
 宿泊施設
 売店
 食堂・レンタル

 AC電源
 水洗トイレ
 シャワー・風呂
 遊び場

利用料金

入場料
料金に含む

駐車料金
料金に含む

サイト料金
キャンプサイト/全64区間・5,500円〜、複数家族サイト/全10区間・9,900円〜、宿泊施設/全18区間・9,000円〜

INFORMATION

チェックイン
13:00〜17:00

チェックアウト
〜12:00

管理人
9:00〜19:00（繁忙期は24時間）

レンタル
テントセット（4〜5人用）6,000円、タープ（4〜5人用）3,000円、BBQセット（4〜6人用）4,000円、テーブル（120cm×60cm）500円など

店 売店

設備
自動販売機、大型屋根のBBQイベントスペース、温水シャワールーム（無料）など

メモ
分別ゴミ置場あり（燃えるゴミ・生ゴミ・消し炭・ペットボトル・缶・ビン・ガスカートリッジ）

ここがおすすめ

土日や祝祭日に合わせて季節ごとのさまざまなイベントを開催している

珍しい生き物や木がいっぱい！　山間

親子で楽しむメニュー

スポーツ ●トレッキングなど
スクール ●クラフト教室
ネイチャー ●ソーセージ手作り体験
（四季折々の体験イベント）

大人も子どもも楽しめるビンゴ大会。お菓子やおもちゃ、キャンプギアなどが当たる

四季折々のイベントを開催。親子仲よく楽しめる

　10月に行われるハロウィンフェスタをはじめ、土日や祝祭日に合わせて四季折々のイベントを開催している。毎回テーマごとにキャンプ場の雰囲気も変わるので、何度来ても楽しめる。雨でも実施できるように、イベントは大型屋根スペースを中心に行われる。また、ソーセージ手作り体験などのキット販売も充実しているので、親子で楽しめること間違いなしだ。

立ち寄りスポット

ぐんま昆虫の森●約45ヘクタールの敷地に4つのテーマとゾーンがあり、それぞれのテーマに観察プログラムや体験プログラムが組み込まれている。●営業時間9:30〜17:00（4月〜10月）、9:30〜16:30（11月〜3月）、月曜日定休　☎0277-74-6441

●ふもとっぱら

ふもとっぱら

開設期間……通年　**予約受付**　随時受付（電話にてネットのみ）

TEL 0544-52-2112　**URL** fumotoppara.net/

圧倒的な大きさの富士山を
サイトより眺めながら過ごす

「ふもとっぱら」は、静岡県富士宮市「ふもと」にある。自然を感じ、体験できるアウトドア施設。富士山を眺めることのできる大草原、広大な芝生エリアが広がる場内、木々に囲まれたキャンプサイトなどを利用し、開放的に過ごすことができる。「すべての人に自然の中の生活を」がコンセプト。自然の中で癒やしのひとときを享受できるのが魅力だ。テントサイトのほか、貸し別荘のような宿泊施設もあり、初心者からファミリーまで気軽に利用可能だ。家族や友人と、のんびりゆったりとした時間を過ごしてみてはいかがだろう。

富士山のてっぺんからふもとまで遮る障害物がなく、稜線を眺められる

アクセス＆マップ

住所
静岡県富士宮市麓156

コンビニ情報
ファミリーマートまで車で約3分。

□テント
持参しよう

□調理用具
持参しよう

□食材
購入OK

**手ぶら度
チェック!!**

□寝袋や寝具
持参しよう

□燃料類
購入OK

富士吉田ICへ↑
道の駅
朝霧高原
富士花鳥園
●ふもとっぱら
139
朝霧高原
↓富士ICへ

東名高速道路・富士IC、または新東名高速道路・新富士ICから、西富士道路経由、国道139号を河口湖・富士吉田方面へ。富士ICから、約40分（約30km）。

富士山だけでなく、毛無山(けなしやま)も悠々とそびえ立つ景色に感動

Camp Data

 オートキャンプ
 デイキャンプ
 宿泊施設
 売店
 食堂
レンタル

 水洗トイレ

人気のE-bike

 ここが
おすすめ

親子で楽しむメニュー

スポーツ	●MTB ●Eバイク ●毛無山登山
スクール	●なし
ネイチャー	●なし

珍しい生き物や木がいっぱい！ 山間

空には近くで体験できる熱気球やパラグライダーも飛んでいる

利用料金

入場料
無料

駐車料金
デイキャンプの場合（17:00まで）1
台1,000円、宿泊2,000円

サイト料金
キャンプサイト／大人1,000円（中学生以上）、小学生500円
翠山荘、毛無山荘／全1棟・20,000円（1〜5名）、6名以上は大人3,500円
コテージ柏／全1棟・25,000円（1〜5名）

INFORMATION

チェックイン
8:30〜17:00（山荘は15:00〜）

チェックアウト
〜14:00（山荘は〜11:00）

管理人
24時間

レンタル
なし

店
売店、レストラン

設備
大浴場（利用者が多い場合、団体に開放）

メモ
池での遊泳、水遊び、釣りは禁止。直火、花火は禁止

E-bike（イーバイク）は
電動自転車のアシスト機能をもつ自転車

　E-bikeは、スポーツバイクと同じフレーム設計で高い走行性能をもちつつ、電動自転車のアシスト機能をかけ合わせた自転車。キツイ登り斜面や長距離ライドでは、電動アシストでラクに走り抜けることができ、山の楽しみ方が一段と広がる。また、マウンテンバイク（MTB）は、太くてゴツゴツしたタイヤで、ダートコースでも安定して走れる性能を持っている。オフロードでも安定性がある。

立ち寄りスポット

ハートランド・朝霧●牧場体験は「ふれあいを楽しむ」プログラムがいっぱい。「牛への餌やり体験」「乳絞り体験」「バター作り体験」の3つのメニューを楽しめる。期間限定のメロンソフトも人気。宿泊も可能。●営業時間9:00〜17:00　☎090-1825-8989

スノーピークヘッドクォーターズキャンプフィールド

●すのーぴーくへっどくぉーたーずきゃんぷふぃーるど

開設期間……通年 **予約受付** 利用日の3カ月前から受付

TEL 0256-41-2222 **URL** www.snowpeak.co.jp/

高品質なスノーピーク製品で快適なキャンプライフを満喫

キャンプメーカーの老舗・スノーピークが手がけるキャンプ場。広さは約5万坪におよび、春から秋は緑の草原で、冬はあたり一面、雪で覆われた真っ白な世界が広がる。また、ストアではスノーピークのすべての製品ラインアップを手に取ることができる。実際にフィールドに設営した製品を確認することができるので、よりユーザーが使用するシーンに近い形でアイテムを選ぶことが可能。使い勝手のよいスノーピーク製品で統一されたレンタル品の貸し出しも行っており、道具を持たない初心者も安心して利用することができる。

キャンプ場は小高い丘陵地帯に位置。スノーピーク製品のレンタルを利用できる

手ぶら度チェック!!

□テント レンタルOK
□調理用具 レンタルOK
□食材 持参しよう
□寝袋や寝具 レンタルOK
□燃料類 購入OK

アクセス&マップ

住所
新潟県三条市中野原456

コンビニ情報
セブンイレブンまで車で約10分。

北陸自動車道・三条燕ICから、国道289号線で旧下田村方面へ。三条市役所下田庁舎先の信号を右折し、国道290号線を案内看板に従って現地へ。三条燕ICから、約40分(約17km)。

エリアが広々としているので、ゆっくりと過ごせる

Camp Data

 オートキャンプ（一部） デイキャンプ 売店 レンタル

 水洗トイレ シャワー・風呂 Wi-Fi

草スキーやそりすべりを楽しもう。無料でレンタル可能

利用料金

入場料
大人1,500円、小人500円（レギュラーシーズン）

駐車料金
1組500円（サイト整備費用、積雪期間中のみ）

サイト料金
フリーサイト／約150区画・1サイト定員5名を目安として、上記の料金で利用可能。デイキャンプは大人500円、小人300円（4月1日〜10月31日）、大人300円、小人無料（11月1日〜3月31日）

INFORMATION

チェックイン	9:00〜
チェックアウト	〜12:00
管理人	9:00〜19:00

レンタル
手ぶらキャンププラン（要予約）1組39,800円、5名まで。テントセット、シュラフ、ランタンセットなど

店
売店、ストア

設備
炊事棟、シャワー（無料）、自動販売機

メモ
直火、花火禁止。リードなしでのペット入場禁止。受付がショップになっているので、そこでアウトドア用品を購入することもできる

ここがおすすめ

親子で楽しむメニュー

スポーツ	●なし
スクール	●なし
ネイチャー	●草スキー　●そり

施設がきれいで子どもも女性も安心して利用できるのがうれしい

サイト内の丘で草スキー。距離が長く急坂でスリル満点

　Fサイトにある丘は、草スキーやそりすべりが楽しめる子どもたちに大人気のスポット。すべる距離が長く、急坂なので、スリル満点。スピードに乗って丘をすべり下りる気分は爽快だ。しかも、草スキーとそりはストアで無料でレンタル可能（小学生以下）。繁忙期は草スキー＆そりのレンタル率が高まるので、持参するか、スーパーで段ボールをもらってきて代用するのがおすすめ。

立ち寄りスポット

いい湯らてい●大自然に囲まれた日帰り温浴施設。館内レストランでは地元三条市の食材を使ったメニューもある。●営業時間10:00〜21:00（最終受付20:15）、正月三が日も通常営業、毎月第3水曜日休館、料金：大人900円、小人600円　☎0256-41-3011

大源太キャニオンキャンプ場

●だいげんたきゃにおんきゃんぷじょう

開設期間……4月下旬～11月上旬　予約受付　4月中旬から受付

TEL　025-787-3536　URL　daigenta.net/

東洋のマッターホルンを舞台に
さまざまなアウトドア活動を楽しむ

東洋のマッターホルンといわれる大源太山、その山ろくの大源太の源流沿いに展開するキャンプ場だ。ナラやクルミの林間をダイナミックに生かしたレイアウトが特徴で、大源太湖と、大源太山の風景も紅葉スポットとして有名。併設のアウトドアセンターでは、ノルディックウォーク、ネイチャーウォッチング、カヤック体験などが楽しめる。キャンプ場ではレンタル品が充実しており、キャンプ初心者からベテランまで幅広く利用している。また、朝夕2食付きのグランピングプランは、手ぶらで利用でき、人気も高い。

五感を研ぎ澄ませば、いろいろなものが感じられる。それが大源太キャニオン

手ぶら度チェック!!

□テント　レンタルOK
□調理用具　レンタルOK
□食材　持参しよう
□寝袋や寝具　レンタルOK
□燃料類　購入OK

快適なグランピングサイトは人気がある

アクセス＆マップ

住所
新潟県南魚沼郡湯沢町大字土樽3064-17

コンビニ情報
ローソンまで車で約10分。

関越自動車道・湯沢ICから、国道17号を高崎方面へ。ひとつ目の信号を左折、陸橋を渡りT字路を右折。上越線のガードをくぐり、すぐのY字路を左へ。湯沢ICから、約20分（約15km）。

Camp Data

デイキャンプ　　　売店　　　レンタル

水洗トイレ　シャワー・風呂　遊び場

サイトは木々に囲まれ、ネイチャーウォッチングのメッカ

利用料金

入場料
大人600円、小人400円

駐車料金
無料

サイト料金
テント/全39区画・3,600円〜（常設テントサイト）、1,800円（持ち込みテントサイト）、グランピングサイト/大人1人15,000円〜22,000円、小学生1人10,000円〜17,000円、幼児1人7,000円〜14,000円

INFORMATION

チェックイン
12:00〜

チェックアウト
〜10:00

管理人
8:00〜17:00

レンタル
テント4,000円、タープ1,500円、寝袋1,000円など

店
売店、レストラン

設備
屋根付き炊事場、広場、コインシャワー（24時間）

メモ
荷物の搬出入時のみ車両乗り入れ可。音の出る花火、テントサイトでの直火禁止

ここがおすすめ

山間
珍しい生き物や木がいっぱい！

親子で楽しむメニュー

スポーツ　●カヤック　●ノルディックウォーキング
スクール　●なし
ネイチャー　●ネイチャーウォッチング　●森のクラフト体験

湯沢大源太の雄大な景色をながめながらカヤックツアー

インストラクターがカヤック指導。ノルディックウォーキングも

さまざまなアウトドア体験が充実。カヤックは、水面を自由に楽しめる乗り物。経験豊富なインストラクターがカヤックの安全な操作方法を丁寧にレクチャーしてくれる。またノルディックウォーキングは、ちょっとした運動を始めようと考えている人にも最適なアクティビティ。年齢を問わず誰でも気軽に楽しめる。問い合わせは、YOC湯沢アウトドアセンター☎025-787-6700まで。

立ち寄りスポット

農家レストラン　緑●場内に併設。地域産のこだわりの食材を使用した郷土料理と、創作料理を提供している。営業時間：10:00〜16:00（料理LO14:00）、月、火曜定休（お盆期間は営業）。大源太ソフトクリーム（ゴマ）も人気がある。

●おだわらしいこいのもり　りきゃんぷ　おだわら

小田原市いこいの森 RECAMP おだわら

開設期間……通年　**予約受付**　随時受付（ネット）

TEL 0465-24-3785　**URL** https://www.ikoi-odawara.com

Camp Data

 オートキャンプ
 デイキャンプ
 宿泊施設
 売店
 レンタル

 AC電源
水洗トイレ
シャワー・風呂

 Wi-Fi

**ここが
おすすめ**

親子で楽しむメニュー

スポーツ	●バードゴルフ ●マウンテンバイク
スクール	●なし
ネイチャー	●なし

お気に入りの車やテントを自由にレイアウトが可能な林間
オートサイト。

小川が流れる静かな周辺環境にあるキャンプ場。
初心者におすすめの「手ぶらでキャンプ」

　箱根外輪山の麓、森の中には小川が流れる静かな周辺環境にあるキャンプ場。近くには子どもが遊べる「小田原こどもの森わんぱくらんど」、ジップラインなど大人も遊べる「フォレストアドベンチャー小田原」もある。施設はオートサイト、テントサイト、キャビンやバンガローなどもあり宿泊可能。初心者の方におすすめの「手ぶらでキャンプ Coleman」（定員4名まで）15,000円〜が人気だ。

森の中を清流がせせらぐ自然あふれるキャンプ場。

アクセス&マップ

住所
神奈川県小田原市久野4294-1

コンビニ情報
ファミリーマート小田原荻窪店まで車で約5分。

東名高速道・厚木ICから、小田原厚木道へ乗り換え、荻窪ICを降りて、信号を右折、道なり約1,600m先「小田原こどもの森公園わんぱくらんど」第2駐車場へ。荻窪ICから、約5分（約1.6km）。

小田原東IC へ

小田原市いこいの森
RECAMP おだわら

小田原こどもの森公園
わんぱくらんど

荻窪IC

小田原厚木道路

小田原西ICへ

利用料金

入場料　無料

駐車料金
1,010円（普通車1日1台）

サイト料金
林間オートサイト（6人まで）/7,000円、清流リバーサイト（4人まで）/4,000円、密林テントサイト（2人まで）/4,000円、手ぶらでキャンプ（4人まで）/15,000円など
※料金は時期や曜日により変動

INFORMATION

チェックイン　1400〜

チェックアウト
〜11:00（プランよって変更あり）

管理人
24時間（宿泊があるときのみ）

レンタル
テント5,000円、シュラフ1,200円、たき火台1,500円、BBQグリル（焼き網付き）2,000円など

店　9:00〜20:00

設備
管理棟、バーベキュー場、シャワー棟（無料）、バードゴルフ場、マウンテンバイク

メモ
水洗トイレ（暖房便座・ウォシュレット）

●そとそとでいず きゃんぷぐらうんず

sotosotodays CAMPGROUNDS

開設期間……通年　**予約受付**　利用日の90日前よりネットで受付

TEL 0465-46-7535　**URL** www.ezbbq.com/

Camp Data

デイキャンプ　宿泊施設　売店　　　　　　レンタル

水洗トイレ　シャワー・風呂　　　　　　　Wi-Fi

**ここが
おすすめ**

親子で楽しむメニュー

スポーツ	●渓流釣り ●ハイキング（金時山・矢倉岳など）
スクール	●なし
ネイチャー	●なし

キャンプ場内はきれいに整備されている

雄大で美しいロケーションが出迎えてくれる
「夕日の滝」のすぐ近くにあるキャンプ場

　金太郎ゆかりの地「金時山」の登山口の近くにあるキャンプ場。美しい風景が楽しめる夕日の滝が近くにある。場内の横には川が流れ、清流での川遊びや釣りが楽しめる。また、山に囲まれ自然も豊富で、夏にはカブトムシやクワガタなどの昆虫と出合える。場内の施設は清潔感があり、女性にも好評だ。キャビン利用者にはガスバーベキューグリル「ezBBQ」と食器、調理器具の無料貸し出しがある。

レンタル品が充実しており、手軽にキャンプ＆バーベキューが楽しめる

利用料金

入場料
無料

駐車料金
無料

サイト料金
テント/5,500円
キャビン/18,700円

INFORMATION

チェックイン
13:00～

チェックアウト
～10:00

管理人　8:30～17:00

レンタル
テント、タープ、ガスバーナーグリル、イス、テーブル、調理器具、食器、カセットコンロ、敷マット、マットレス、寝袋、LEDランタンなど

店
売店

設備
管理棟、シャワールーム（24時間利用可能　無料）

メモ
直火でのたき火、キャンプファイヤー禁止。手に持つ花火以外は禁止。ラジカセ・カラオケ・発電機など、騒音となることは禁止

アクセス＆マップ

住所
神奈川県南足柄市矢倉沢滝下2230

コンビニ情報
ファミリーマートまで車で約15分。

東名高速自動車道・大井松田ICから、国道78号線を大雄山方面へ。竜福寺交差点を右折、足柄街道へ。「夕日の滝・地獄堂」看板を左折。夕日の滝看板に向かって進む。大井松田ICから、約27分（約14km）。

内浦山県民の森

●うちうらやまけんみんのもり

開設期間……通年　[予約受付]　利用日の6カ月前の1日9：00から受付
[TEL]　**04-7095-2821**　[URL]　www.uchiurayama.jp

Camp Data

オートキャンプ　　　　　宿泊施設　売店　　　　レンタル

水洗トイレ　シャワー・風呂　　　風呂・温泉　Wi-Fi

オートキャンプサイトは。サイトごとに緑花木で区画されている

ここがおすすめ 親子で楽しむメニュー

スポーツ	●ハイキング
スクール	●子ども自然教室
ネイチャー	●森の自然観察会
	●星空観察会　●クラフト教室

冬は暖かく夏は涼しく過ごしやすい海洋性の気候の中で自然を楽しめる

　清澄山系に連なる広大な森林レジャーセンター。もともとシイ・カシを中心とする暖温帯の常緑広葉樹林を中心とした森林で、炭焼き生産地として地元内浦地区の共有林だったが、自然環境保全や余暇利用のための森林活用として開園。キャンプはもちろん、森林での学習、レクリエーション、スポーツなど体験できる。オートキャンプ場施設はサイトごとに垣根で区切られ、プライベート性も高いことも魅力だ。

野外でのゲームやボール遊びなど、さまざまな形で利用できる中央芝生広場

アクセス＆マップ

[住所]
千葉県鴨川市内浦3228

[コンビニ情報]
セブンイレブンまで車で約6分。

館山道・君津ICから、房総スカイライン、千葉鴨川線（県道24号）経由、安房小湊駅前から県道285号線へ。君津ICから、約60分（約50km）。

利用料金

| [入場料] | 無料 |
| [駐車料金] | 無料 |

[サイト料金]
テント/630円（1～2名）、940円（3～4名）、オート/3,870円、ログキャビン/9,310円（Aタイプ　トイレ付き）、11,000円（Bタイプ　バス・トイレ付き）　※ゴミ処理代別途

INFORMATION

[チェックイン]　13：00～（ログキャビンは15：00～）

[チェックアウト]　～10：00

[管理人]　24時間

[レンタル]
ログキャビンに限り、バーベキューコンロなどのレンタルあり

[店]
売店　7：30～21：00

[設備]
管理棟、バーベキュー場、体育館、グラウンドなど

[メモ]
ペット連れの宿泊不可。直火禁止。花火は手持ちのみで指定場所以外禁止。22：00消灯。Wi-Fiは総合センター内

●おれんじむらおーときゃんぷじょう

オレンジ村オートキャンプ場

開設期間……通年　**予約受付** 随時受付

TEL 0470-44-0780　**URL** https://orangemura.com

Camp Data

 オートキャンプ
 デイキャンプ
 宿泊施設
 売店
 食事
 レンタル

 AC電源
 水洗トイレ
 シャワー・風呂
 遊び場
 風呂・温泉
 Wi-Fi

ここがおすすめ

親子で楽しむメニュー

スポーツ	●なし
スクール	●なし
ネイチャー	●ホタル観賞会 ●星空観察会

丘の上のテントサイトからは太平洋が一望できる

みかん狩りも楽しめる
海まで5分の高台にあるキャンプ場

　千倉の町並みと太平洋を一望できるロケーションのよい場所にあり、心地いい風も楽しめるキャンプ場。オーナーが果樹園を経営しているので、みかん狩りを楽しめる。季節ごとに温州みかんやハッサク、デコポン、レモンなどがとれる。海まで約5分で行くことができるので、釣りやサーフィン、海水浴にも便利。裏の山には自然林があり、ホタルの観察、バードウォッチングや野菜やタケノコ採りもできる。

場内にはブランコを設置。高台から望む景色も最高

利用料金

入場料
大人200円、小人100円

駐車料金
無料

サイト料金
テント/3,300円
（お盆＆GW＆年末年始、三連休は＋500円）
バンガロー/8,000円〜10,000円

INFORMATION

チェックイン 9:00〜
チェックアウト 〜14:00
管理人 24時間
レンタル
テント3,000円、タープ1,500円、バーベキューセット（コンロ・鉄板・炭・着火剤）1,300円、布団一式500円、毛布、イス、テーブル、ランタンなど

店 売店
設備 温水シャワー
メモ
千倉オレンジセンターでみかん狩りができる。温州みかん、ユズ、スダチ、きんかん、カボス、ブンタン、甘夏、ハッサクなど。レモン狩りもあり。10月1日〜4月30日まで。料金は大人500円、小人300円

アクセス＆マップ

住所
千葉県南房総市千倉町久保1494

コンビニ情報
ファミリーマートまで車で約4分。

富津館山道路・富浦ICから、館山バイパス、外房黒潮ライン、安房グリーンラインを通り千倉を抜けて現地へ。富浦ICから、約25分（約17km）。

豊里ゆかりの森キャンプ場

●とよさとゆかりのもりきゃんぷじょう

開設期間……3月〜11月　予約受付　随時受付(8:30〜17:00 月曜日定休)

TEL **029-847-5061**　URL　www.tsukubaykr.jp/

Camp Data

宿泊施設

水洗トイレ　シャワー・風呂　遊び場

ここがおすすめ

親子で楽しむメニュー

スポーツ	●テニス
	●アスレチック
スクール	●陶芸教室
ネイチャー	●なし

テントサイトは30張り。区画はフリー

工芸館や昆虫館、そしてアスレチック 楽しめる施設が充実

　豊里ゆかりの森は、12ヘクタールの広さのアカマツとクヌギの平地林の自然公園で、茨城の自然100選にも選定されている。昆虫館や工芸館など、楽しめる施設も充実。シーズンにはカブトムシやクワガタの採集もでき、オニヤンマや小鳥のさえずりなど自然が満喫できる。テント村のほか、カナダ風宿舎「あかまつ」やキノコ型バンガローなど好みや用途に合わせて、宿泊施設を選ぶこともできる。

キャンプといえばバーベキュー。鉄板や用品などレンタルも可能だ

アクセス＆マップ

住所
茨城県つくば市遠東676

コンビニ情報
セブンイレブンまで車で約5分。

常磐自動車道・谷田部ICから、県道19号線をつくば方面へ直進。県道24号線に入り、現地へ。谷田部ICから、約20分（約25km）。

利用料金

入場料
220円

駐車料金　無料

サイト料金
テント/330円(持込テント・1張り)
スペースキャビン/4,400円
宿舎あかまつ/シングル4,400円、
ツイン7,700円

INFORMATION

チェックイン
12:00〜

チェックアウト
〜10:00

管理人
昆虫館で受付代行

レンタル
鉄板、網、まな板、包丁、フライ返し2本1組、ざる、鍋、トング、炭ハサミ(各220円)など

設備
バーベキュー場(26基)、芝生遊び場、炊事場、どんぐり池、アスレチック、昆虫館、テニスコート、工芸館、宿舎あかまつ森のセンター、福祉センターとよさと

メモ
ゴミは持ち帰ること。ペットOK

●ぐんまみなかみほうだいぎきゃんぷじょう

群馬みなかみほうだいぎキャンプ場

開設期間……5月上旬〜10月下旬　予約受付 3月1日から受付

TEL **0278-75-2206**　URL hodaigi-camp.jp/

Camp Data

 オートキャンプ　 デイキャンプ　 宿泊施設　 売店　 食堂　 レンタル

 AC電源　水洗トイレ　シャワー・風呂　遊び場　Wi-Fi

**ここが
おすすめ**

親子で楽しむメニュー

スポーツ	●ラフティング　●カヌー・カヤック ●MTB　●四輪バギー　●SUP
スクール	●なし
ネイチャー	●キャニオニング

区画型オートサイトと、林間のフリーサイトを用意

迫力満点のリバースポーツは
天然のジェットコースター

　アウトドアスポーツや、武尊山（ほたかやま）登山のベース基地として活用されるキャンプ場。川を使ったアウトドア体験が充実。ラフティングは、激流を下って楽しむ激しさが魅力で、天然のジェットコースターともたとえられる。キャニオニングは、川の流れとともに渓谷を下ったり、沢の水を浴びながら上流へ遡っていくスポーツ。アドベンチャー気分を存分に満たしてくれる爽快アクティビティにチャレンジできる。

イベント体験コーナー、アウトドア活動のバリエーションが豊富

アクセス&マップ

住所
群馬県利根郡みなかみ町藤原915-1

コンビニ情報
セブンイレブンまで車で約25分。

関越自動車道・水上ICから、国道291号を藤原湖方面へ。武尊トンネルを通過して100m先のT字路にほうだいぎキャンプ場の案内板あり。水上ICから、約30分（約17km）。

利用料金

入場料
デイキャンプ大人500円、小人300円、環境保全協力金として、別途大人300円、小人200円

駐車料金 無料

サイト料金
テント/大人410円、小人200円（テント、タープ持ち込み料各1張り1,300円）、オート/7,000円〜、テント、オートサイトを併せて全250区画、バンガロー/全19棟・8,600円など

INFORMATION

チェックイン 12:00〜
チェックアウト 〜10:00
管理人 24時間
レンタル
テント3,000円、タープ2,000円、寝袋1,000円、テーブル1,000円、たき火台1,000円、バーベキューコンロ1,500円など
店
売店、そば処あじさい
設備
バーベキューガーデン、スポーツ広場、テニスコート、など
メモ
直火、打ち上げ花火禁止

珍しい生き物や木がいっぱい！ 山間

群馬県
片品村

山間

●かたしなほたかぼくじょうきゃんぷじょう

片品ほたか牧場キャンプ場

開設期間……5月中旬〜10月中旬　　予約受付　3月1日から受付

TEL　0278-58-3757　　URL　https://k-hotaka.jp/bokujo/

Camp Data

オートキャンプ　デイキャンプ　宿泊施設　売店　食堂　レンタル

AC電源　水洗トイレ　シャワー・風呂　　Wi-Fi

**ここが
おすすめ**

親子で楽しむメニュー

スポーツ	●トレッキング　●マウンテンバイク
スクール	●なし
ネイチャー	●木工クラフト　●手作りキャンドル

標高1,500mにあるキャンプ場は、夏は清涼、夜は満点の星空を見ることができる。非日常を味わえる環境

片品の自然や生活を体験することで、
自然の楽しさ・厳しさを感じるプログラムを開催

　日本百名山のひとつ、武尊山の中腹に位置する牧場型キャンプ場。テントサイト、オートサイト、ログハウスがあり、目的に合わせたキャンプが楽しめる。また、群馬県の天然記念物に指定されているレンゲツツジの群落など貴重な動植物が生息している。片品エリアの自然や生活を体験することによって、家族や仲間の絆を深め、自然の楽しさ・厳しさを感じる体験プログラムを開催している。

手が届きそうな星空は絶景

利用料金

入場料
デイキャンプ大人500円、小人300円、環境整備費別途大人200円、小人100円

駐車料金　500円

サイト料金
フリーサイト／大人1,200円、小人1,000円(テント・タープ持ち込み料1張り1泊900円)
オートサイト／6,000円〜
ログハウス／3,500円〜

INFORMATION

チェックイン　12:00〜
チェックアウト　〜10:00
管理人　24時間
(利用人数により駐在なし)
レンタル
テント、タープ、毛布、各種調理器具、ランタンなど
店　売店
設備
キャンプ場管理棟、わくわく体験棟、流し・かまど、シャワー200円(1ブース1回5分)
メモ
直火、打ち上げ花火禁止。ペットOK

アクセス&マップ

住所
群馬県利根郡片品村花咲2797-2
コンビニ情報
セブンイレブンまで車で約30分。

関越自動車道・沼田ICから、国道120号を経て片品方面へ。沼田ICから、約60分(約33km)。東京からは、関越自動車道で約120分。

●ねいちゃーらんど おむ

ネイチャーランド オム

開設期間……4月初旬～11月下旬　**予約受付**　随時受付

TEL 0554-52-2275　**URL** www.natureland-om.co.jp/

Camp Data

オートキャンプ　デイキャンプ　宿泊施設　売店　　　　レンタル

水洗トイレ　　　　　　遊び場　　風呂・温泉

親子で楽しむメニュー

ここが
おすすめ

スポーツ	●なし
スクール	●なし
ネイチャー	●釣り　●ピザ焼き

背の高い木々が多く植えられているので、真夏でも涼しいキャンプを楽しめる

動物も現れる川で水遊び。そのあとはお風呂でのんびりと

　ネイチャーランド オムは、フィールド内に大小4つの沢が流れる、清流に囲まれた森の中のキャンプ場。その森には、多様な樹木や野生動物が息づく。ゆるやかで美しい沢が流れる場内では、運がよければひょっこり顔を出すリスや鹿に出合えるかも。そんな自然を残した川で子どもたちは水遊びに夢中。またお風呂もあるので、水遊びをした後に浸かれば心身の疲れがまったり癒やされるに違いない。

マス池で水遊び。貸し竿1本300円、ニジマス1匹300円

アクセス＆マップ

住所
山梨県南都留郡道志村5964

コンビニ情報
なし。

中央自動車道・相模湖ICから、国道413号線を経由し両国橋を通過。道志小学校を右手に見ながら進み、田代橋を左折すると左手に受付。道なりに進むとキャンプ場。相模湖ICから、約45分（約30km）。

中央自動車道
相模湖東IC
相模湖IC
上野原IC
中央本線
大月IC
へ
上野原駅
道志村役場
●ネイチャーランド オム
大室山▲

利用料金

入場料
大人700円、小人500円

駐車料金
1,100円

サイト料金
オート/全40区画・1,000円（テント1張り）、500円（タープ1張り）、バンガロー/全12棟・7,000円～（4名用）、16,000円～（6名用）、18,000円～（10名用）、ツリーハウス/5,000円（2名用）

INFORMATION

チェックイン　13:00～

チェックアウト　～11:00（宿泊施設）、～12:00（オート）

管理人　24時間

レンタル
寝袋300円（数に限りあり）、ふとんセット600円など

店　なし

設備
研修施設＆団体宿泊施設のかやぶき民家、集会場（33畳）

メモ
直火禁止（持ち込みのたき火台、備え付けのU字構を使用）、打ち上げ花火禁止

●ほしのもりおーときゃんぷじょう

星の森オートキャンプ場

開設期間……4月1日～11月30日

予約受付 利用日の3カ月前から受付

TEL 090-6386-8252

URL https://star.natureservice.jp/

Camp Data

オートキャンプ　デイキャンプ　宿泊施設　売店　レンタル

AC電源　水洗トイレ　シャワー・風呂　遊び場

ここがおすすめ

親子で楽しむメニュー

スポーツ
●アスレチック遊具
●コンビネーション遊具
●ジャンボすべり台

スクール ●なし

ネイチャー ●なし

鳥のさえずりに耳を澄ませ、四季を通じて美しい森と親しめる

大自然の中でアスレチック。
キャンプとトレッキングが同時に楽しめる

　広大な敷地内に充実した設備を誇るオートキャンプ場。標高1,300mの高地にあり、山を利用しているため大自然を満喫できる。大型遊具・アスレチック遊具が子どもに人気。「沢わたり」「滝つぼジャンプ」「森の塔」「やまびこ遊具」などなど楽しむのに事欠かない。場内には広い3つの遊歩道が整備されている。都会の喧騒からは無縁の緑に包まれて、冒険気分でトレッキングを楽しむことができる。

展望台や見晴らし台にのぼれば、美しい森が見渡せる

利用料金

入場料	無料
駐車料金	無料

サイト料金
テント/3,100円（広場サイト）
オート/5,200円（AC電源付き）、
4,700円（AC電源なし）
コテージ・キャビン/11,000円～
大型コテージ/22,100円～
※すべて合わせて全97サイト

INFORMATION

チェックイン
13:00～

チェックアウト
～12:00（コテージは～10:00）

管理人	24時間
レンタル	なし
店	売店

設備
センターハウス9:00～17:00

メモ
ゴミはすべて持ち帰り。直火および芝生を傷める行為禁止。花火はOK。ペットOK

アクセス＆マップ

住所
長野県下伊那郡売木村2653-3

コンビニ情報
車で約40分。

中央自動車道・飯田山本ICから、三遠南信自動車道天龍峡IC（無料区間）～国道151号を豊橋方面へ。飯田山本ICから、約60分（約49km）。ほかにも新東名高速道路・浜松いなさ北ICから、国道151号飯田方面の別ルートもあり。

夏でも涼しく快適！
静かな高原

高原キャンプを楽しむために防寒対策や
キャンプのルールを覚えておこう！

　静かな高原でのキャンプは、とても気持ちがいいものです。空気が澄んでいて、標高もあります。夏でも朝と夜はかなり冷え込みます。**長袖長ズボンはもちろん、最低ひとり1枚毛布は用意**しておきましょう。**防寒着やジャンパー**なども持っていったほうがよいでしょう。

　キャンプ場では、**朝は早く起きて夜は早く休む**ことが通常です。特に静かな場所では、小さな会話も響きます。夜遅くまで騒いだり、走り回ったりする行為はほかのキャンパーに迷惑がかかります。基本的なルールですので、そのような迷惑がかからないように、**キャンプ場のルールや心構えは前もって子どもたちに伝えておくこと**も必要です。夜の星空も高原キャンプでの楽しみのひとつ。夜の明かりにも気を配って行動するようにしましょう。トイレの位置も確認しておくことも重要です。

●なすいなかむらおーときゃんぷじょう

那須いなか村 オートキャンプ場

開設期間……通年 　予約受付　随時予約(ネット、電話)

TEL **0287-88-0455**　URL www.nasuinakamura.com/

まるごと大自然120%の中で 新しい発見や体験が味わえる

　那須烏山市にある、5万坪の広大な手つかずの自然の中にキャンプ場やログハウスが点在する。オートサイトはひな壇になっているのが特徴で、天然のサイトにテントを張る本格的なスタイルが人気。ログハウスも星空の家、月見の家、木霊の家、つどいの家、囲炉裏の家、陽だまりの家といった個性的でユニークな建物が揃っている。レンタル用品もテントからピザ窯まで豊富に用意されているので、手ぶらでのキャンプにも対応できる。鳥や虫の声を聴きながら、都会では普段できないくつろぎある時間を存分に楽しめる、そんな場所だ。

天然のキャンプサイトは初心者からベテランまで人気

 □テント レンタルOK □調理用具 レンタルOK □食材 持参しよう

手ぶら度 チェック!! □寝袋や寝具 レンタルOK □燃料類 購入OK

アクセス&マップ

住所
栃木県那須烏山市上川井948-1

コンビニ情報
ファミリーマートまで車で約2分。

東北自動車道・矢板ICから、国道4号線を宇都宮方面へ。片岡交差点を県道74号線へ左折。喜連川市街に入り、国道293号線へ左折、鹿子畑の看板に従い現地へ。矢板ICから、約20分(約15km)。

サイトはひな壇になっており、広い敷地内で好みの場所を選ぶことができる

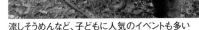

Camp Data

 オートキャンプ デイキャンプ 宿泊施設 売店   レンタル

 AC電源　水洗トイレ

流しそうめんなど、子どもに人気のイベントも多い

利用料金

| 入場料 |
無料

| 駐車料金 |
無料

| サイト料金 |
テント/6,000円
オート/6,000円
バンガロー/15,000円〜
デイキャンプ/500円（17:00を過ぎると2,000円）

INFORMATION

| チェックイン | 12:00〜
| チェックアウト | 〜11:00
| 管理人 | 24時間
| レンタル |
テント4,000円〜、タープ2,000円、ツーバーナー1,000円、マット200円、バーベキュー用網200円、鉄板500円、バーベキューグリル1,000円、鍋200円、ダッチオーブン500円、シュラフ・毛布300円、ランタン1,000円、ハンモック500円、テーブル500円など

| 店 | 売店
| 設備 | なし
| メモ |
発電機、打ち上げ花火、22:00以降の大声や音楽は禁止。ペットOK

 ここがおすすめ

**親子で楽しむメニュー**

| スポーツ | ●なし
| スクール | ●なし
| ネイチャー | ●昆虫観察会　●星観賞会

恒例の餅つき大会には大勢の人が参加する

さまざまな体験プログラムにチャレンジしよう

　炭焼き体験やそば打ち体験といった、普段できないような体験プログラムも用意されている。また、餅つき大会やタケノコ掘り、ジャガイモ掘りなどのイベントも豊富。自然を楽しめる露天風呂や昆虫採集は子どもに人気がある。キャンプディレクターや森林インストラクター、わんぱく農業インストラクターの資格を持つスタッフが、初めての人にも丁寧に教えてくれる。

夏でも涼しく快適！　静かな高原

立ち寄りスポット

道の駅　きつれがわ●ナトリウム塩化物泉で日本三大美肌の湯に選ばれている温泉が楽しめる●営業時間／10：00〜21：00（最終入場20：30）、第2・4月曜日（祝日の場合は翌日）。料金：中学生以上500円、小学生300円、未就学の小人無料　☎028-686-8181

●めーぷるなすこうげんきゃんぷぐらんど

メープル那須高原キャンプグランド

開設期間……通年　予約受付　利用日の3カ月前の1日から受付

TEL　**0287-78-8101**　URL　www.maple-nasu.com/

静かな環境でキャンプが楽しめ充実した施設で子どもも大満足

　那須高原の中腹にあり、コナラの雑木林の中にある静かなキャンプ場。周辺には那須高原の観光地がたくさんあるので、キャンプ以外も楽しめる。8月でも夜は涼しく、クーラーなしでも過ごせる環境のよさには驚きだ。テントサイトはさまざまな形状があり、周りは木立に囲まれているので、プライベート感もある。オートサイト以外にもゆったりと過ごせるログコテージやキャビンも多数用意されており、使用用途で選べる。きれいな内風呂も完備され、24時間使用できるコインシャワーもある充実感はうれしい。

4名用のKTログキャビンは、デッキでBBQも楽しめる

手ぶら度チェック!!

□テント　持参しよう
□調理用具　レンタルOK
□食材　持参しよう
□寝袋や寝具　持参しよう
□燃料類　購入OK

アクセス&マップ

住所

栃木県那須郡那須町高久乙2333-130

コンビニ情報

ファミリーマートまで車で約10分。

東北自動車道・那須ICから、県道17号線を北上。広谷池交差点を直進、サファリパーク入口を左折。那須ICから、約15分（約10km）。

木漏れ日の中で子どもたちも元気に遊ぶ

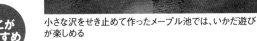

Camp Data

オートキャンプ　デイキャンプ　宿泊施設　売店　レンタル

AC電源　水洗トイレ　シャワー・風呂　遊び場　風呂・温泉　Wi-Fi

小さな沢をせき止めて作ったメープル池では、いかだ遊びが楽しめる

ここがおすすめ

夏でも涼しく快適！ 静かな高原

親子で楽しむメニュー

スポーツ	●フィッシング　●いかだ遊び
スクール	●木工教室
ネイチャー	●ピザ作り体験　●スモーク・ベーコン作り ●ビンゴ大会　●宝さがしイベント

ビンゴ大会などさまざまなイベントも開催される

利用料金

入場料
無料

駐車料金
無料

サイト料金
オート/4,500円〜8,500円
バンガロー/10,000円〜32,000円
デイキャンプ/4,500円

INFORMATION

チェックイン	13:00〜
チェックアウト	〜11:00
管理人	24時間

レンタル
テント3,500円〜、タープ1,000円、テント用マット500円（銀マットは200円）、ランタン1,000円（ガスは1,500円）、ランタンスタンド300円、テーブル500円、イス300円、シュラフ500円、掛布団500円、毛布300円、シーツ100円（ダブルは140円）、キャンプセットプラン11,000円（1式4名）など
※休止の場合あり

| 店 | 売店 |

設備
管理棟、内風呂、トイレ、メインキッチン棟、シャワー・ランドリー棟

メモ
2家族以上・大人3名以上は、利用不可

ファミリー向けのイベントや遊具や遊び場を多数用意

　施設やサービスが充実しており、ファミリー向けのイベントも盛りだくさんなので、家族連れにピッタリのキャンプ場。ニジマスを放流している釣り堀、夏は水遊びやいかだ遊びができるメープル池、小さな子どもが楽しめるちゃぶちゃぶ池、どんぐりハウスや遊具、小さなつり橋など、子どもにもってこいの遊び場となる。またピザ体験やビンゴ大会などのイベントも多数行われている。

立ち寄りスポット

那須ガーデンアウトレット●黒磯板室ICからすぐの場所にある。アウトドアショップもあり、キャンプで足りないアイテムなどの買い物にも便利。●営業時間／10:00〜19:00（季節・曜日により変動あり）、年中無休　☎0287-65-4999

●すかいさんきゃんぷふぉれすと

皇海山キャンプフォレスト

開設期間……4月上旬〜11月末　予約受付　利用日の3カ月前から受付

TEL 0278-56-2854　**URL** sukaisan.com/

日本百名山のひとつ
皇海山のふもとにあるキャンプ場

　日本百名山のひとつである皇海山のふもとに位置し、「東洋のナイアガラ」と呼ばれる吹割の滝からも車で約15分。さらに、日光・尾瀬へもアクセスしやすく観光名所にあふれた立地にあるキャンプ場。初心者には有資格者のスタッフが親切、丁寧に指導してくれる。レンタル品も豊富で、手ぶらで気楽にキャンプが体験できる。また、週末はイベントが常に行われており、ここでしか体験することのできない思い出を作ることができる。敷地内には13種類50サイトのテントサイトやバンガローがあり、スタイルに応じたさまざまなキャンプが楽しめる。

皇海山のふもとに位置。山を眺めながらキャンプを楽しめる

手ぶら度
チェック!!

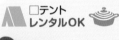
□テント
レンタルOK

□調理用具
レンタルOK

□食材
購入OK

□寝袋や寝具
レンタルOK

□燃料類
購入OK

アクセス&マップ

住所
群馬県沼田市利根町追貝2618

コンビニ情報
車で約10分。

川場温泉
吹割の滝
川場村役場
関越自動車道
沼田IC
沼田駅
岩本駅
昭和IC
上越線
皇海山キャンプフォレスト
老神温泉
→渋川伊香保ICへ

関越自動車道・沼田ICを出て左折、国道120号で「皇海山」の案内板を右折。看板を目指して現地へ。沼田ICから、約30分（約19km）。

常設テントサイト、チャイハネサイトは、19,800円〜

Camp Data

 オートキャンプ デイキャンプ 宿泊施設 売店 食堂 レンタル

 AC電源 水洗トイレ シャワー・風呂 遊び場

利用料金

入場料
大人550円、小人330円、ペット1,100円、シルバー(60歳以上)330円

駐車料金
テントサイト外駐車1,100円

サイト料金
テントサイト/2,200円〜
バンガロー/4,400円〜
※サイト料金は、時期によって異なる

INFORMATION

チェックイン 14:00〜
チェックアウト 〜13:00
管理人 9:00〜18:00
レンタル
テント(4人用)4,950円〜、タープ2,200円〜、シュラフ550円、毛布330円、テーブル1,100円など種類も豊富
店
9:00〜18:00
キャンプキッチン／10:00〜22:00(土日)
設備
シャワー／770円(55分、予約制)
メモ
直火禁止、花火は手持ちのみ可。22:00静粛タイム。ペットOK

ここがおすすめ

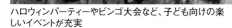
ハロウィンパーティーやビンゴ大会など、子ども向けの楽しいイベントが充実

親子で楽しむメニュー

スポーツ ●ラフティング ●カヌー ●パラグライダー ●フィッシング
スクール ●ピザ教室 ●薪割り体験
ネイチャー ●野菜収穫 ●星観賞会

夏でも涼しく快適！ 静かな高原

野菜の収穫体験は、子どもに大人気

インストラクター常駐！
スタートアップキャンパーには最適

　スタッフ全員がキャンプインストラクターなどの資格を持っているので安心だ。食とエンターテイメントをコンセプトに、経験豊富なスタッフが考えたイベントを安全安心で楽しく演出してくれる。ビンゴ大会、薪割り体験、流しそうめんなどのイベント、クロスカントリーやスノーシューなどのアクティビティ、ピザ作り体験やレザー教室などのクラフトイベントまで家族全員で没頭できる楽しさが満載。

立ち寄りスポット

尾瀬市場●地元農家の新鮮野菜をリーズナブルな価格で買い求めることができる。●お食事処「尾瀬の食卓」、無料の足湯もある。●営業時間9：00〜18：00(土曜日は19：00)、年中無休。群馬県沼田市利根町平川1113 ☎0278-56-3700

●きたかるいざわすうぃーとぐらす

北軽井沢スウィートグラス

開設期間……通年　予約受付　利用日の2カ月前から受付

TEL　**0279-84-2512**　URL　sweetgrass.jp/

初心者からベテランまで
幅広く楽しめるキャンプ場！

　浅間山北麓に広がる緑豊かな3万坪の敷地に、森と草原と小川を抱いたキャンプ場。春夏秋冬、一年中遊べるさまざまなアクティビティや多彩なイベントが用意されている。場内はツリーハウスをはじめとした多彩な宿泊施設が点在。コテージ・キャビンには全室薪ストーブが設置されているので、年間を通して快適に過ごすことができる。アウトドア料理を手軽に楽しめる食材セットや、ダッチオーブンなど調理器具のレンタルも充実。子どものキャンプデビューに打ってつけ。初心者からベテランキャンパーまで幅広く満足できる。

宿泊もできる人気のツリーハウス、マッシュルーム

 □テント
レンタルOK

 □調理用具
レンタルOK

 □食材
購入OK

**手ぶら度
チェック!!**

 □寝袋や寝具
レンタルOK

 □燃料類
購入OK

アクセス&マップ

住所
群馬県吾妻郡長野原町北軽井沢1990-579

コンビニ情報
車で約5分。

上信越自動車道・碓氷軽井沢ICから、国道18号経由中軽井沢駅へ。軽井沢町万山峰を通過後、白糸の滝入口三叉路真ん中。浅間牧場交差点を北へ。セブンイレブン左折。碓氷軽井沢ICから、約50分（約33km）。

遊び心をくすぐる形のツリーハウス。そこはまるで絵本の世界

Camp Data

 オートキャンプ
 デイキャンプ
 宿泊施設
 売店
 食堂
 レンタル

 AC電源
水洗トイレ
 シャワー・風呂
遊び場
 風呂・温泉
Wi-Fi

浅間山を望む絶景で高原キャンプが楽しめる

利用料金

入場料	無料
駐車料金	無料

サイト料金
テント/3,900円〜（AC電源付きサイト61区画）
オート/3,900円〜
テント、オート合わせて全100区画
コテージ・キャビン/全50区画・7,700円〜

INFORMATION

チェックイン	13:00〜（テント）、14:00〜（コテージ・キャビン）
チェックアウト	〜11:30（テント）、〜10:30（コテージ・キャビン）
管理人	24時間

レンタル
ベーシックキャンプセット（4人用）9,900円、食器セット（4人用）880円、テント4,400円、ガソリンランタン（燃料付き）1,320円、毛布550円など、ほぼ全品あり

店	8:00〜18:00

設備
石窯コテージMUGI、ファイヤーテラスコテージ、満点星屑キャビン、たき火暖炉キャビン、ドッグガーデンキャビン、フリードッグサイト、ツリーハウス、マッシュルーム、全棟薪ストーブ完備

メモ
ゴミはすべて回収

ここがおすすめ

夏でも涼しく快適！ 静かな高原

親子で楽しむメニュー

スポーツ	●トレジャーハンター ●ウォーターバトル
スクール	●鹿角アクセサリー作り ●カッティングボード作り
ネイチャー	●星空観賞会 ●採蜜体験

まるで映画スクリーンのような大きな黒板にチョークでお絵かき

自然の中で思いっきり遊ぼう！ここでしか体験できない遊びがいっぱい

生き物や植物とのふれあいを通じて「自然」を学ぶことのできる「おしぎっぱ隊」や人気のウォーターバトルなど、オリジナルのイベントが盛りだくさん。また、地域の資源を活用したワークショップ「鹿角アクセサリー作り」や「カッティングボード作り」などもあり、大人も子どもも一緒に楽しめる。MTBサイクリングツアーや森のたき火クッキング、ドラム缶風呂なども開催。

立ち寄りスポット

ルオムの森●テラス席や森の心地よい場所で、石窯で焼いた本格的ピザを味わことができる。薪ストーブのショールーム、ブックカフェも併設。森の中を歩けば、心身ともにリフレッシュ。●営業時間10:00〜16:00（火・水・木定休）　☎0279-84-1733

●おだいらのさときゃんぷじょう

小平の里キャンプ場

開設期間……通年　予約受付　4月～9月（9時～17時）、10月～3月（9時～16時）

TEL　**0277-72-2148**　URL　https://r.goope.jp/odairanosato

さまざまなキャンプを楽しめる。
薪を使った燃し火風呂「遊湯館」も

　キャンプ場には大小のバンガローやコテージ、貸しテント、バーベキューハウスなどがあり、本格的なアウトドアライフが楽しめる。お気に入りの食材を持ち込んでにぎやかにバーベキューをしたり、満天の星空の下、キャンプファイヤーもできたり、楽しみ方は自由自在。さまざまなスタイルのキャンプを楽しめるから、初心者や女性、子どもも安心して利用できるところがうれしい。遊んだ後は、薪を使った燃し火風呂「遊湯館」のひのき風呂でゆっくり汗を流そう。薪で沸かすお風呂は体の芯からとても温まり、気持ちが安らぐ。

コテージには電源、トイレ、キッチン、TV、冷蔵庫などを備える

 □テント　レンタルOK

 □調理用具　レンタルOK

 □食材　購入OK（要予約）

 手ぶら度チェック!!

 □寝袋や寝具　レンタルOK

 □燃料類　購入OK

アクセス＆マップ

住所
群馬県みどり市大間々町小平甲445

コンビニ情報
車で約10分。

北関東自動車道・伊勢崎ICから、右側「前橋・渋川」方面へ。県道73号線経由で約30分（約16km）。太田藪塚ICから、約25分（約13km）。

傾斜地にテントを設置。大自然の木々に囲まれて1日過ごせる

Camp Data

デイキャンプ　宿泊施設　　　　　　　　　　　レンタル

AC電源　水洗トイレ　シャワー・風呂　遊び場

ここがおすすめ

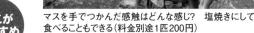

マスを手でつかんだ感触はどんな感じ？　塩焼きにして食べることもできる（料金別途1匹200円）

利用料金

入場料
大人250円（日帰り150円）、小人（3歳以上）200円（日帰り70円）

駐車料金
無料

サイト料金
テント/全18区画・550円（テント貸し出し時は2,000円）
小バンガロー（5人用）/全4棟・3,500円

INFORMATION

チェックイン
14:00〜

チェックアウト
〜10:00

管理人　4月〜9月（9時〜17時）、10月〜3月（9時〜16時）

レンタル
シュラフ520円、網210円、鍋類500円、炊飯器520円、暖房機730円、調理道具 250円、飯ごう200円、鉄板210円、炭500円など

店　なし

設備
BBQハウス、野外ステージ、多目的大型あずまや、など

メモ
4月〜11月は無休、12月〜3月は毎週火曜日定休（祝日の場合は翌日）。ただし12月28日〜1月4日は休業

親子で楽しむメニュー

スポーツ　●なし
スクール　●そば道場・うどん道場　●手作りまんじゅう
ネイチャー　●マスのつかみどり体験
　　　　　　　●流しうどん体験

いろいろな催しが行われているから飽きることがない!

広い公園内で1日遊べる
そば・うどん道場一日体験入門！

　全体の敷地がかなり広く、大勢でワイワイ楽しむことができる。キャンプ場自体が小平の里の公園内にあるので、親水公園で水遊びをしたり、鍾乳洞を見学したりと、1日中遊ぶことができるので、子どものいる家族連れにおすすめだ。「そば道場・うどん道場一日体験入門」は、そば道場1,000円/人（1人前）、うどん道場800円/人（1人前）で楽しむことができる。自作した料理の味は格別。

立ち寄りスポット

野口水車保存館●小平の里内に接地。明治・大正・昭和にかけて約45年間精米の動力として活躍していた水車が保存され今でも精米が行われている。●営業時間9:00〜17:00（4月〜9月）、9:00〜16:00（10月〜3月）、料金：大人100円、小中学生50円

● だいしぜんにいだかれたきゃんぷじょう　うっどぺっかー

大自然に抱かれたキャンプ場 ウッドペッカー

開設期間……4月下旬～11月下旬　｜予約受付｜ 利用日の2カ月前の1日から受付

｜TEL｜ **0551-46-2450**　｜URL｜ www.woodpecker-cs.com/

静かなカラマツ林の中で 自然のアロマの香りを楽しめる

　中央自動車道、須玉インターから20分と、都心から近い、大自然に囲まれた静かなキャンプ場。八ヶ岳高原まで10分と近く、昼はアウトドア、夜はランプの明かりのもと、のんびりと過ごせる。静かなカラマツ林の中にあるのが特徴。場内は60%がカラマツ、あとの40%がヒノキとアカマツ、クリの木。木々に囲まれ、まるでアロマのような香りが漂ってくる。青い空、樹木の緑、木漏れ日、林を抜ける風の音や、樹木や落ち葉の香りが五感を刺激。林から出る香りの成分は「フィトンチッド」と呼ばれ、この香りにリフレッシュと癒やしの効果がある。

木々に囲まれ、まるでアロマのような香りが漂ってくる

手ぶら度 チェック!!

 □テント 持参しよう
 □調理用具 レンタルOK
 □食材 持参しよう

 □寝袋や寝具 レンタルOK
 □燃料類 購入OK

アクセス＆マップ

｜住所｜
山梨県北杜市須玉町上津金2449-5

｜コンビニ情報｜
周辺にセブンイレブン、ローソンなどあり。

中央自動車道・須玉ICから、国道141号線を清里方面へ。高根駐在所前交差点を通過。ウッドペッカー・おいしい学校の案内を右折し津金に入る。学校前4つ角を左折。須玉ICから、約20分（約13km）。

林間を利用して作られた自然の大ブランコは子どもたちに大人気

Camp Data

オートキャンプ　デイキャンプ　宿泊施設　売店　レンタル

水洗トイレ　シャワー・風呂　遊び場　Wi-Fi

ピザ作り、木工体験、キャンドル作りなど、さまざまなイベントが用意されている

利用料金

入場料
大人800円、小人600円、ペット400円

駐車料金
無料

サイト料金
オート/全46区画・2,800円
環境料300円

INFORMATION

チェックイン
12:00〜17:00

チェックアウト
8:00〜14:00

管理人
7:00〜13:00

レンタル
シュラフ、テーブルセット、バーナコンロ、コッフェル、タープなど

店
売店

設備
シャワー3分・200円（10:00〜21:00）

メモ
連休・夏休みは、チェックイン14:00〜、チェックアウト〜11:00。環境料（ゴミ処分代）として200円徴収。直火、音の出る花火など、他人に迷惑がかかる行為は禁止。ペットOK

ここがおすすめ

親子で楽しむメニュー

スポーツ	●カヌー　●パラグライダー　●フィッシング
スクール	●乗馬
ネイチャー	●星観賞会　●自然観察会 ●木工・キャンドル・バウムクーヘン作り体験など

天体望遠鏡を使って星を観察。季節ごとの星座にまつわる話も楽しめる

温かな木のぬくもりを感じる
クラフト体験が楽しめる

　ウッドペッカーキャンプ場では、お楽しみ企画として四季折々のアウトドアイベントを随時開催している。BBQと合わせたピザ作り、バウムクーヘン作りも人気。「木工体験教室」では木のぬくもりを感じながら工作を楽しめる。「キャンドル作り体験教室」も実施。手作りろうそくの明かりの下で、食後の家族団らんを楽しもう。エコキャンドル（廃油）にも対応している。

立ち寄りスポット

清泉寮●清里高原で70年の歴史がある「KEEP（キープ）協会」の宿泊寮。牧場と宿泊を併設する自然豊かな施設。アウトドア体験メニュー、ハイキングコースなど。ソフトクリームが有名。●営業時間9：00〜18：00、年中無休　☎0551-48-2111

●ぴかやつがたけあけの

PICA八ヶ岳明野

開設期間……通年（一部冬期クローズあり）　| 予約受付 | WEB予約

| TEL | **0555-30-4580**
（PICAヘルプデスク）

| URL | https://www.pica-resort.jp/akeno/

日照時間日本一の明野村で
夜までたっぷり遊べる

　北に八ヶ岳、西に南アルプス、南に富士山を望む茅ヶ岳山麓にあるキャンプ場。標高1,000mの大地に広がり、明るく開放的な雰囲気が訪れる人の心を和ませる。日照時間日本一を誇る明野村だから、夜までたっぷり遊べるのがうれしい。松林に囲まれた敷地内には、44棟のログコテージ＆キャビンのほか、テントサイト68区画を備える。

　親子で楽しめるオリジナルのネイチャークラフト体験や星空観察などの自然体験プログラムを実施している。またアクティブに活動できるパークゴルフ場など遊べる施設も充実している。

センターハウス。季節ごとに行われるイベントも充実している

 □テント
レンタルOK

 □調理用具
レンタルOK

□食材
購入OK

**手ぶら度
チェック!!**

 □寝袋や寝具
レンタルOK

 □燃料類
購入OK

アクセス＆マップ

| 住所 |
山梨県北杜市明野町浅尾5260-5

| コンビニ情報 |
車で約15分。

中央自動車道・韮崎ICから、2つ目信号（宮久保）を左折、茅ヶ岳広域農道へ。直進約15分。山梨県フラワーセンター入口先500m看板あり、右折。2km直進突き当たりで現地。韮崎ICから、約20分（約8km）。

設備がとてもきれいで、キャンプ場の整備も抜群

Camp Data

 オートキャンプ
 デイキャンプ
 宿泊施設
 売店

 レンタル

AC電源　水洗トイレ　シャワー・風呂　遊び場

日照時間日本一の明野村。ひまわり畑の絶景を楽しめる

利用料金

入場料
無料

駐車料金
無料

サイト料金
オート/全68区画・2,300円〜
コテージ/全44区画・13,000円〜

INFORMATION

チェックイン
13:00〜

チェックアウト
7:00〜

管理人
24時間

レンタル
BBQグリルセット1,500円〜、ユニフレームファイヤーグリル700円、炭バサミ無料、ツインバーナー1,700円、クッカーセット1,000円、皿セット700円、テント4,000円、タープ2,000円など各種あり

店
売店

設備
トイレ、炊事場、シャワールーム(7:00〜21:00 大人210円、子ども100円)

メモ
シーズンによって料金は変動。場内にゴミステーションあり。ペットOK

ここがおすすめ

夏でも涼しく快適！　静かな高原

親子で楽しむメニュー

スポーツ　●パークゴルフ
スクール　●なし
ネイチャー　●プレーパーク　●クラフト体験
　　　　　　　●星空観察

小さな子ども連れでも安心して大自然と触れ合うことができる

パークゴルフで子どもの本能を呼び起こす！

「親・子・孫」の三世代が気軽に楽しめるパークゴルフは、「かいこまコース」9ホールと「ほうおうコース」9ホールの計18ホール（パー72）がある。

　コースはきれいに整備されているので、オープンより宿泊者はもとより、県内外からもプレーに訪れる人が多い。1コースにつき大人520円（中学生以上）、小人310円（レンタル料含む）の低料金で楽しむことができる。

立ち寄りスポット

ハイジの村 クララの湯●南アルプスの雄大なパノラマを楽しめる温泉。泉質は塩化物泉、炭酸水素塩泉。季節によってハイジの村園内で咲いている花を浮かべたお風呂もある。
●営業時間12:00〜20:00※火曜日定休(1〜3月)。☎0551-25-2601

●ぴかふじぐりんぱ

PICA富士ぐりんぱ

開設期間……通年（一部冬期クローズあり）　　予約受付　WEB予約

TEL **0555-30-4580**
（PICAヘルプデスク）

URL　https://www.pica-resort.jp/grinpa/

昼は「ぐりんぱ」で存分に遊び
夜は星空の下キャンプを楽しむ

　遊園地「ぐりんぱ」に隣接し、子どもに大満足のキャンプ場だ。富士山の2合目、標高1,200mという立地ながらも浴場やお湯が出る炊事場を備える。充実のレンタル用品も用意されているから、子どもや初心者でも安心。荘厳な富士山を間近で眺めながら、昼は遊園地、夜はキャンプと、ファミリーみんなが満足するキャンプを楽しめるに違いない。場内はテントサイト、コテージ、トレーラーとさまざまなスタイルでくつろげる宿泊スタイルが提供されている。また、シルバニアファミリーの実物大コテージは子どもに大人気だ。

富士山2合目。場内から大きく富士山を眺めることができるぜいたくな立地

手ぶら度
チェック!!

□テント レンタルOK
□調理用具 レンタルOK
□食材 購入OK
□寝袋や寝具 レンタルOK
□燃料類 購入OK

アクセス＆マップ

住所
静岡県裾野市須山字藤原2427

コンビニ情報
車で約15分。

東名高速道路・御殿場ICから、山中湖方面へ。信号「ぐみ沢」を左折。信号「ぐみ沢丸田」で右折し県道23号線へ。富士山スカイラインを経て水ヶ塚公園手前を左折。御殿場ICから、約30分（約13km）。

開放感のあるロケーションで、キャンプ初心者でも安心して過ごせる

Camp Data

 オートキャンプ デイキャンプ 宿泊施設 売店   レンタル

 AC電源 水洗トイレ シャワー・風呂　遊び場　風呂・温泉

利用料金

入場料
無料

駐車料金
無料

サイト料金
オート/全43区画・2,400円〜
コテージ/全47区画・4,700円〜

INFORMATION

チェックイン 13:00〜
　　　　　　（コテージは14:00〜）

チェックアウト 7:00〜

管理人 7:00〜21:00

レンタル
ドームテント4,000円、ヘキサタープ2,000円、BBQグリル1,500円（網付き）、ツーバーナーコンロ1,700円、飯ごう400円、ポット400円、パーコレーター650円、鍋400円、鍋セット1,000円、皿セット700円、炊飯器1,000円など

店
売店

設備
トイレ、炊事場、お風呂（8:00〜10:30、15:00〜22:00。休前日・ハイシーズンは24:00）、ドッグラン

メモ
シーズンによって料金は変動。場内にゴミステーションあり。ペットOK

シルバニアファミリーハウスシリーズの「きいちご林のかわいいお家」を再現

親子で楽しむメニュー

スポーツ ●なし

スクール ●なし

ネイチャー ●星空観察　●プレーパーク

コテージで星空観察を楽しめる

清潔で子どもにも安心の環境 「ぐりんぱ」へのアクセス良好！

　場内は整備されており、子どもも清潔な環境の中でキャンプを楽しむことができる。富士山の大自然の中、体を使って遊ぶアトラクションが人気の遊園地「ぐりんぱ」へのアクセスが良好。日本最大級の立体からくり迷路「ココドコ」は、無数の階段や張り巡らされたロープを突破してゴールを目指す巨大迷路アトラクション。考えるアスレチック「ピカソのタマゴ」では21種のアスレチックに挑戦できる。

夏でも涼しく快適！　静かな高原

立ち寄りスポット

富士急ハイランド●「FUJIYAMA」「高飛車」「ええじゃないか」などのジェットコースターはスリル満点。子どもには「トーマスランド」も大人気。●営業時間9:00〜17:00・18:00・19:00・20:00（日によって異なる）。問い合わせはメール highland@fujikyu.co.jp

●もびりてぃーぱーく

モビリティーパーク

開設期間……通年 ┃予約受付┃ 随時受付（アプリ、電話）

┃TEL┃ **0558-79-0213** ┃URL┃ https://mobility-park.jp

河へ、海へ、山へ出かけよう。
伊豆の大自然を余すことなく満喫！

　全面芝生のキャンプサイトが80区画。すべてのサイトで電源が完備されている。水はけのよさも自慢で、清潔な炊事場やレストルームは子どもや女性にも好評。また、北欧産の木を組んだログハウスが5棟。ログのぬくもりと静かな時間に身をゆだね、季節に合わせたアウトドアライフを満喫できる。ペット連れの方でも泊まれる宿泊施設があり、さらにテントサイトは全サイトペット同伴可能なのも魅力。また夜の森には、昼間では決して見ることのできないたくさんの表情がある。夜の森に出かけて、いつもと違う森の表情を見つけてみてはいかがだろう。

トレーラーデラックスは芝生にテントの設営も可能。室内外両方のキャンプが楽しめる

手ぶら度チェック!!

□テント
レンタルOK

□調理用具
レンタルOK

□食材
持参しよう

□寝袋や寝具
レンタルOK

□燃料類
購入OK

全面芝生のテントサイトはオートキャンプも可能。ペット同伴も大歓迎

┃アクセス&マップ┃

┃住所┃
静岡県伊豆の国市長者原1445-481

┃コンビニ情報┃
セブンイレブンまで車で約5分。

新東名高速道路・長泉沼津ICから、伊豆縦貫道を経由し、伊豆中央道・大仁中央ICを左折。伊東方面から県道19号、サイクルスポーツセンター先1.7km右折。長泉沼津ICから、約40分（約35km）。

Camp Data

 オートキャンプ デイキャンプ 宿泊施設 売店 飲食 レンタル

AC電源　水洗トイレ　シャワー・風呂　遊び場　風呂・温泉　Wi-Fi

ここがおすすめ

メタセコイアの並木道はモビリティークパークの自慢

夏でも涼しく快適！　静かな高原

利用料金

入場料
大人1,100円、小人550円

駐車料金
無料（追加は1台につき1,100円）

サイト料金
オート/全71区画・4,400円
キャンピングカーサイト/全8区画・5,500円
ログハウス/全5棟・13,200円〜

INFORMATION

チェックイン　13:00〜（テント）、〜14:00（宿泊施設）

チェックアウト　〜11:00（テント）、〜10:00（宿泊施設）

管理人
24時間（繁忙期のみ）

レンタル
テント5,500円、フォームマット550円、タープ2,750円、バーベキューセット1,080円、たき火用釜（炭ハサミ付き）550円、テーブルセット1,100円、ディレクターチェアー550円など

店
売店

設備
パウダールーム、シャワールーム（24時間、無料）など

メモ
サイトでの直火、花火は禁止

親子で楽しむメニュー

スポーツ　●フィッシング　●トレッキング
　　　　　　●MTB　●バスケットボール
スクール　●なし
ネイチャー　●栗拾い　●さつまいも掘り

イベント広場は、広々として子どもたちが思いっきり走り回ることもできる

広大な芝生のイベント広場で
すべり台などの遊具を楽しめる

　キャンプフィールドには、子どもたちが自然と親しみながら楽しめる広場がいっぱい。なかでも場内中央に構える「イベント広場」には、広大な芝生で覆われた広場にすべり台などの遊具を設置。小さな子どもも安心して遊ぶことができる。自然と触れ合うならトレッキングがおすすめ。少し険しい道のりかもしれないが、展望台からの景色は最高の思い出に。また、暑い時期にはプールで水浴びが楽しめる。

立ち寄りスポット

酪農王国オラッチェ●ヤギ、牛、ヒツジ、ウサギなどかわいい動物と触れ合える広場があり、子どもたちに大人気。超濃厚オラッチェミルクソフトクリームは絶品。「レストランオラッチェ」も。●9:00〜17:00（平日9:00〜16:00）、水曜日定休　☎055-974-4192

●えーしーえぬしんしゅういなだにきゃんぱーずういれっじ

ACN信州伊那谷
キャンパーズヴィレッジ

開設期間……通年　**予約受付**　随時受付（インターネット、電話）

TEL 0265-88-2695　**URL** www.odp.jp/

本物の自然が色濃く残る伊那谷。
隠れ家のような静けさに身をゆだねる

　標高900〜1,000mの山中の沢沿いにあり、南アルプスの赤石岳を望むことができる、日本一静かなキャンプ場。隠れ家みたいな本物の自然が色濃く残り、大人はのんびりゆっくりと、子どもはのびのびと自由に遊ぶことができる。伊那谷沿いに展開するロケーションで、夏でもひんやり涼しく、冬は陽当たりがよくてポカポカと暖かい。光害もないので夜になれば今にも降ってきそうな星をたくさん見ることができる。併設の自然学校ではさまざまな体験プログラムを用意。クラフト体験をはじめ、MTBショップやミニ図書館もある。

伊那谷沿いにあるキャンプ場は、静かで落ち着いた自然が楽しめる

手ぶら度チェック!!

 □テント
レンタルOK

 □調理用具
レンタルOK

 □食材
持参しよう

 □寝袋や寝具
レンタルOK

 □燃料類
購入OK

アクセス＆マップ

住所
長野県上伊那郡中川村大草7833

コンビニ情報
車で約20分。

中央自動車道・松川ICから、約30分（約17km）。小渋湖と陣馬形山の間に位置。天竜川を渡り「渡場」に信号を(1)小渋湖・大鹿方面に右折すれば景色のよいルート。(2)左折し次の信号「下平」を右折すれば比較的楽なルート。

場内はプライベート感があり、周りを気にせずのんびりと

Camp Data

 オートキャンプ
 デイキャンプ
 宿泊施設
 売店
 飲食
 レンタル

 AC電源
水洗トイレ
シャワー・風呂
遊び場
風呂・温泉
Wi-Fi

利用料金

入場料
大人1,000円、小人500円、幼児200円

駐車料金
1,000円

サイト料金
オート/全50区画・1,000円
キャビン/全10棟・5,000円～

INFORMATION

チェックイン 13:00～

チェックアウト ～11:00

管理人 24時間

レンタル
持参し忘れた人の貸し出し用としてほぼすべてのレンタル用品を用意。テント、テーブル、ランプ、BBQグリルなど。エコ洗剤は売店で販売

店
売店(8:00～21:00)

設備
露天風呂(通常無料、貸し切りは30分・500円)

メモ
ハイシーズンは特に時間を厳守。チェックインが17:00より遅れる場合は要連絡。チェックイン・アウト時間はそのときの状況により随時変わるので電話で要確認

 ここがおすすめ

キャンプ場内や周辺林道にMTBのトライアルコースを設置

親子で楽しむメニュー

 スポーツ ●トレラン ●トレッキング ●MTB
スクール ●MTB
ネイチャー ●昆虫観察会 ●キャンプファイヤー ●キノコ狩り など

夏でも涼しく快適！ 静かな高原

クラフト教室を実施。リース作りや草木染め、ウッドクラフトなどを随時開催

マウンテンバイクスクールで公認インストラクターが指導

キャンプ場内では「どろんこ池」で泥にまみれ、清流で沢遊びができる。センターハウスから徒歩3分のところにある「もっこり山」は、子どもたちが心おきなく遊べる砂山だ。またMTB（GT公認マウンテンバイクスクール）では、オフロードの乗り方、乗るチャンスがない子どもに、公認インストラクターがやさしく指導。本格的なMTBレンタルバイクがあり、手ぶらで参加することができる。

立ち寄りスポット

桑原の滝●四徳川の中流にある3段の滝。澄んだきれいな水に小渋峡の四季を映しだす秘境の地。冬の氷瀑も勇壮だ。中央道駒ヶ根ICから50分、松川ICから35分。●問い合わせ／中川村役場産業振興課 ☎0265-96-0658

●いなかのかぜきゃんぷじょう

いなかの風キャンプ場

開設期間……3月中旬〜1月上旬　　予約受付　（2月中旬〜）随時受付

TEL　**0265-86-6655**　　URL　inakanokaze.com/

家族や仲間と米、野菜を作る。本物の自然を体験しよう！

　旬の食材を収穫し、自分で作って自然のありがたさを学べるキャンプ場。家族や仲間と米を作り、野菜を作り、本物の自然を体験できる。オートキャンプサイトは、大きい区画では一反歩（約300坪）もあり、段々状の田んぼの形を利用しているユニークなサイトだ。また、眼前に広がる中央アルプスの雄姿を目の当たりにするロケーションは抜群。それぞれのサイトは個々に「テントエリア」「駐車エリア」「直火エリア」「緑化エリア」といったエリア分けをすることによって、田んぼサイトとしての居住性の向上が図られている。

オートキャンプを楽しみながら、里山に息づくさまざまな「ほんもの」の自然や農業を体験

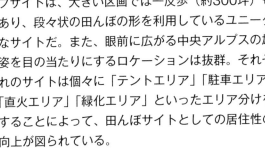

手ぶら度チェック!!

 □テント　レンタルOK
 □調理用具　レンタルOK
 □食材　購入OK

 □寝袋や寝具　レンタルOK

 □燃料類　購入OK

アクセス＆マップ

住所
長野県上伊那郡飯島町日曽利43-3

コンビニ情報
車で約10分。

中央自動車道・松川IC、または駒ヶ根ICから、約20分（約12km）。JR飯島駅北側踏切を渡って、そのまま道になり進めば約2kmで現地に到着。案内標識も途中に数カ所ある。

最小限の施設しかない里山の環境には数々のドラマがある

オートキャンプ 宿泊施設 売店 レンタル

 水洗トイレ シャワー・風呂

施設はすべて、今ある棚田を利用した天然の形状の上に作られている

利用料金

入場料
300円(環境保全協力費として)

駐車料金
2台目以降1台1泊1,000円

サイト料金
オート/全48区画・3,500円〜12,000円、柵ありペット/全11区画・7,000円〜11,500円、キャビン/全3棟・11,500円〜17,500円

INFORMATION

チェックイン
14:00〜

チェックアウト
〜11:00(キャビン10:00)

管理人
8:00〜17:00

レンタル
手ぶらで利用できるキャンプセット・15,000円、テント(3〜4名目安)・6,000円など

店
売店

設備
水洗トイレ、炊事棟、展望露天風呂

メモ
ゴミの分別は各自。わんわんデーあり。わんわんデーは、すべてのサイトをペット同伴キャンパーに開放する特別な日。該当日は公式HPをチェック

ここがおすすめ

夏でも涼しく快適! 静かな高原

親子で楽しむメニュー

スポーツ ●ウォーキング

スクール ●なし

ネイチャー ●田植え&稲刈り体験

稲刈りをしたり、土を耕したりしながら楽しむ新しいスタイルのオートキャンプ

いろいろな農作業体験を通じて 食べ物のありがたみについて考える

施設内に「体験水田」「キャンパーズファーム」「ブルーベリー畑」といった農作業を体験するための農地を用意。季節ごとに行われる農作業に参加して、普段、当たり前のように口にしている食べ物について身近に考えることができる。また、森の樹木の植樹や間伐作業なども、里山では自然を守るための大切な仕事のひとつ。チャンスがあれば、下草刈りや間伐、植樹などの体験にもチャレンジしてみよう。

立ち寄りスポット

飯島町歴史民俗資料館・飯島陣屋 ●江戸時代の代官の役所・明治時代はじめの県庁を保存。電気やガスがなかった時代の調理体験もできる(要予約)。●入場時間9:00〜16:00(入館は15:30まで)。月曜〜水曜日定休。料金:一般300円、高校生以下無料 ☎0265-86-4212

●まわりめだいらきゃんぷじょう

廻り目平キャンプ場

開設期間……4月下旬～11月中旬　予約受付　予約不要

TEL　**0267-99-2428**　URL　w2.avis.ne.jp/~mawarime/

奇岩群に囲まれた金峰渓谷に位置。川遊びや登山も楽しめる

日本百名山「金峰山」のふもとに広がる広葉樹に囲まれたキャンプ場。場内は自然を生かしたつくりになっていて、アウトドアライフを盛り上げてくれる。豊かな緑と、澄んだ空気、そして夜には満天の星が降り注ぐ抜群のロケーションだ。キャンプ場の周囲は奇岩に囲まれていて、日本有数のロッククライミングのメッカとしても有名。場内には川が流れ、釣り、川遊びが楽しめるし、キャンプのほか登山にもチャレンジできる。大自然の中で、思い思いのアウトドア体験をしながら、家族や友人とのんびりとした時間を過ごせるに違いない。

自然を生かしたレイアウトがアウトドアライフを盛り上げる

手ぶら度チェック!!

□テント
持参しよう

□調理用具
レンタルOK

□食材
持参しよう

□寝袋や寝具
レンタルOK

□燃料類
購入OK

アクセス&マップ

住所
長野県南佐久郡川上村川端下546-2

コンビニ情報
なし。

中央自動車道・須玉ICから、国道141号、南牧村野辺山を経由、約80分（約50km）。

低料金で必要最低限の施設・設備を提供する公営キャンプ場

オートキャンプ デイキャンプ 宿泊施設 売店 食堂 レンタル

 水洗トイレ シャワー・風呂 風呂・温泉

魚影の見える渓流。マイナスイオン効果で心身ともに癒やされる

ここがおすすめ

利用料金

入場料
大人500円、小人500円

駐車料金
無料

サイト料金
テント／全200フリーサイト・900円
バンガロー／全2棟・6,000円

INFORMATION

チェックイン
4:00〜19:00

チェックアウト
〜19:00

管理人
24時間

レンタル
BBQコンロ、シュラフ、毛布、調理用品（鍋、まな板、包丁、フライパン）など

店
売店

設備
風呂12:00〜18:30（大人500円、小人500円）、シャワー棟は男女ともに3室ずつ（3分・100円、インターバルも取れる）。コイン式の洗濯機と乾燥機あり

メモ
デイキャンプは1日1人300円で利用可能

親子で楽しむメニュー

スポーツ	●ロッククライミング ●ボルダリング
スクール	●なし
ネイチャー	●なし

夏でも涼しく快適！ 静かな高原

小川山、金峰山への登山やハイキングが楽しめる

クライミングやボルダリングが楽しめる絶好のロケーション

クライミングで有名な小川山と、登山者にとって素晴らしい眺望を拝むことができる金峰山のふもとにあるため、キャンプ利用者のほかにも、クライマーや登山者の利用が多い。広い敷地内外にクライミングが楽しめるスポットが複数あり、全国からたくさんのクライマーが集まってくる。子どもたちにも、近年人気が高まりつつあるボルダリングにチャレンジする絶好の環境が整っている。

立ち寄りスポット

滝沢牧場●乗馬などの牧場体験をはじめ、アスレチックなどの遊具、バーベキューハウス、アイスクリーム工房、ドッグランド、野菜の植え付け・収穫体験などもあり。●営業時間9:00〜17:30（売店）、定休日1月〜4月・11月・12月は不定休あり　☎0267-98-2222

休暇村 妙高笹ヶ峰キャンプ場

●きゅうかむらみょうこうささがみねきゃんぷじょう

開設期間……7月1日～9月30日

予約受付 利用日の6カ月前から受付

TEL 0255-82-3168

URL www.qkamura.or.jp/myoukou/camp/

標高1,300mの高原に広がる 国内最大級のキャンピングサイト

標高1,300mの森林セラピー基地・笹ヶ峰高原に位置する国内最大級のキャンピングサイト。火打山や笹ヶ峰への登山口にあり、登山者のベースキャンプとしての役割も担う。高地にあるため夏でも涼しく、高原ならではの気持ちよい風を感じられるロケーションだ。設備も充実していて、リピーターや連泊利用も多い。自然あふれるレイアウトを存分に堪能できるフリーサイトのほか、AC電源付きのオートキャンプ場も5区画。また、施設内には階段などの段差はほとんどなく、小さな子ども連れのファミリーも安心して利用できる。

標高1,300mの別天地で、アウトドアライフを満喫できる

手ぶら度チェック!!

□テント レンタルOK
□調理用具 レンタルOK
□食材 持参しよう
□寝袋や寝具 レンタルOK
□燃料類 購入OK

サイトまで車で移動。荷物の搬入も楽々なオートサイトだ

アクセス&マップ

住所
新潟県妙高市杉野沢字笹ヶ峰

コンビニ情報
セブンイレブンまで車で約40分。

上信越自動車道・妙高高原ICから、国道18号線経由、杉野沢入口交差点を右折、現地へ。妙高高原ICから、約40分（約17km）。

Camp Data

 オートキャンプ　 デイキャンプ　 宿泊施設　　　 レンタル

 AC電源　 水洗トイレ　シャワー・風呂　遊び場　　

利用料金

入場料
大人600円、小人600円

駐車料金
無料

サイト料金
テント/1,500円
オート/4,000円（AC電源あり）、
2,500円〜（AC電源なし）
※テント、オート合わせて全268区画

INFORMATION

チェックイン
13:00〜

チェックアウト
〜11:00

管理人
8:00〜20:00

レンタル
ドーム型テント（5人用）3,000円、
バーベキューコンロ1,000円、ダッチオーブン700円、鉄板500円、バーベキュー網300円、フライ返し・トングなど各種100円

店
なし

設備
シャワー5分・300円、ランドリー150円

メモ
サイト内全域直火禁止

ここがおすすめ

サイト内にあるトクサ川は子どもたちの憩いの場。自由研究にもピッタリ

親子で楽しむメニュー

スポーツ　●運動広場
スクール　●なし
ネイチャー　●星空観賞　●ハイキング

夏でも涼しく快適！　静かな高原

山々に囲まれ、ゆっくり流れる時間が貴重に思えるひととき

星がまたたく夜空を眺めに多くのリピーターが訪れる

　場内には街灯がないため、天気がよければ、夜は満点の星空を望める。この夜空を拝むために訪れる親子連れのリピーターも多い。キャンプ場から出ると、水辺の広場「親水園地」や運動広場があり、子どもたちは体を目いっぱい使って遊ぶことが可能。また近辺には、牧場や滝など、自然豊かな場所がたくさん。ハイキングコースがいくつもあり、自然を眺めながらのんびり歩いてみるのもおすすめ。

立ち寄りスポット

笹ヶ峰ダム●関川水系関川に建設されたダム。高さ48.6m。ダム湖の名は乙見湖。春の新緑と秋の紅葉を湖面に映し、今なお水蒸気をあげる焼山を望む景観が美しい。
●問い合わせ／笹ヶ峰ダム管理事務所　☎0255-86-6334

高原

●ろっぢかのといわ

ロッヂ神戸岩

開設期間……3月中旬～12月下旬　予約受付　随時受付(9:00～17:00)

TEL **042-598-1029**　URL　www.kanotoiwa.com/

Camp Data

デイキャンプ　宿泊施設　　　　　　食堂　　レンタル

水洗トイレ　シャワー・風呂

テントサイトは上流に位置する川原にあるので、夜は星空が楽しめる。7月にはホタルと出合えることもある

ここがおすすめ

親子で楽しむメニュー

スポーツ	●MTB
	●フィッシング
スクール	●MTB裏山ライド
ネイチャー	●なし

穴場パワースポット神戸岩近くのコンパクトなキャンプ場

　東京都の村、檜原村にある自然豊かな環境で、穴場パワースポットとして密かに人気を集めている神戸岩にいちばん近いキャンプ場。美しい清流が流れており、自然もたくさん残っている。川遊びや釣りはもちろん、森と水に囲まれた風景も楽しめる。特に秋の紅葉は絶景。施設はフリーサイトのほか、大型キャビンやロッジ、お座敷バンガロー、山荘と豊富な宿泊施設も魅力。最大収容人数は80名。

河原での川遊びも楽しめる

アクセス&マップ

住所
東京都西多摩郡檜原村神戸8034-2

コンビニ情報
セブンイレブンまで車で約15分。

中央自動車道・八王子IC第2出口から、1つ目の入町交差点を左折、油平交差点を左折、武蔵五日市駅交差点を左折、橘橋交差点を右折、神戸岩入り口を左折。八王子ICから、約40分(約27km)

利用料金

入場料
無料(宿泊施設利用料金に含まれる)

駐車料金　880円(1台)

サイト料金
テント/4,950円(最大4名)
バンガロー/6,600円～、コテージ/38,500円～

INFORMATION

チェックイン　13:00～16:00
チェックアウト　～10:00
管理人　9:00～17:00

レンタル
バーベキューコンロ、ダッチオーブン、大釜、電気炊飯器、飯ごう、包丁・まな板セット、ボウル、フライ返し、野外用テーブル、野外用チェア、電池ランタン、毛布、四季布団、鉄板、網、鍋など

店　　売店 9:00～17:00

設備
管理棟、売店、自動販売機、炊事場、バーベキュー場、多目的スペース

メモ
ゴミは燃えるゴミのみ有料袋購入にて引き取り可。日中、夜間問わずほかの人に迷惑となる行為は禁止

東京都 奥多摩町

高原

●とうきょうとりつおくたまこはんこうえん やまのふるさとむら

東京都立奥多摩湖畔公園 山のふるさと村

開設期間……通年（年末年始を除く）　**予約受付**　随時受付（電話予約 9：00～17：00）

TEL 0428-86-2324　**URL** www.yamafuru.com/

Camp Data

宿泊施設　　売店　　　　　　　　　レンタル

水洗トイレ　シャワー・風呂　遊び場

ここが おすすめ

親子で楽しむメニュー

スポーツ	●なし
スクール	●なし
ネイチャー	●星観賞会　●木工体験
	●石細工体験　●陶芸体験
	●そば打ち体験

1日を通して自然をじっくり楽しめる20区画のテントサイト。テントの貸し出しもあり、初心者でも安心して楽しめる

奥多摩湖畔にある広大な敷地の自然公園でキャンプや体験教室などを楽しもう

　奥多摩湖のサイグチ沢に沿って作られた面積3.2ヘクタールの園内には、テントやログキャビン泊のできるキャンプ施設がある。ほかにも、ビジターセンター、クラフトセンター、レストランが整備され、自然散策を楽しむトレイルも設置されている。自然体験のほか、木工や石細工、陶芸などの工作の体験もできる。1990年10月に自然ふれあい施設としてオープンし「やまふる」の愛称で親しまれている。

親子でテントの組み立てもキャンプならではの楽しみ

アクセス＆マップ

住所
東京都西多摩郡奥多摩町川野1740

コンビニ情報
最寄りのコンビニまで車で約30分。

圏央道・日の出ICから、滝山街道（国道411号線）から吉野街道（国道45号線）を通り古里駅前交差点を左折し、奥多摩町に入る。日の出ICから、約90分（約45Km）。

東京都立奥多摩湖畔公園
●山のふるさと村

利用料金

入場料
無料

駐車料金
無料

サイト料金
テント/20区画・200円（高校生以上）、100円（小・中学生）
ログケビン/10棟・10,000円（4人・6棟）、20,000円（8人・4棟）

INFORMATION

チェックイン　13：00～16：00
チェックアウト　9：00～10：00
管理人　24時間（夜間は警備員スタッフのみ）

レンタル
テント2,000円、寝袋、毛布、バーベキューコンロ、調理器具など

店　　売店9：00～21：00

設備
シャワー（15：00～20：45 無料）

メモ
ゴミは分別してゴミステーションへ。公園開園時間（9：00～17：00、夏季以外は～16：30）以外の出入りは不可。直火はファイヤーサークル（2カ所）のみ可能、花火は禁止。動植物、昆虫の採取は禁止

夏でも涼しく快適！ 静かな高原

●くるみのもりきゃんぷじょう

くるみの森キャンプ場

開設期間……4月下旬～10月下旬　　**予約受付** 前期3月1日から、後期6月4日から受付

TEL 0279-84-1078　　**URL** www.camp-kurumi.com/

Camp Data

 オートキャンプ
 デイキャンプ
 宿泊施設
 売店

 レンタル

 AC電源
 水洗トイレ　シャワー・風呂　遊び場

ここが おすすめ

親子で楽しむメニュー

スポーツ	●フィッシング　●トレッキング
スクール	●なし
ネイチャー	●星観賞会　●クラフト作り
	●野菜収穫　●味覚狩り

車を区画まで乗り入れることができ、タープなどを設営できる

オーナーによる手作りのキャンプ場。浅間高原の大自然を思いきり満喫できる

　北軽井沢に移住したオーナーファミリーが、コツコツと作りあげたオートキャンプ場。手軽にデイキャンプ、BBQ、飯ごう炊さんが楽しめる。軽井沢や草津温泉へのアクセスも良好なので、観光の拠点としても最適だ。車で約10分のところには県営の「浅間牧場」がある。天丸山、白糸の滝への遊歩道などにも足を伸ばすことも可能。ここに泊まれば、浅間高原の大自然を思いっきり満喫できるに違いない。

木製遊具と芝生広場。子どもたちはわくわく!

アクセス&マップ

住所
群馬県吾妻郡長野原町北軽井沢1353-2250

コンビニ情報
セブンイレブンまで車で約5分。

上信越自動車道・碓氷軽井沢ICから、国道18号に入り中軽井沢駅前より国道146号。峰の茶屋、浅間牧場、北軽井沢交差点通過。北軽井沢動物病院先、ふれあい広場右折。碓氷軽井沢ICから、約50分(約40km)。

利用料金

管理費
4歳以上300円
デイキャンプ/800円

駐車料金 無料

サイト料金
オート/全34区画・5,000円、5,800円(AC電源付き)
バンガロー/全14区画・13,000円～

INFORMATION

チェックイン 14:00～
チェックアウト ～11:00
管理人 24時間

レンタル
ドームテント(4～5人用)4,800円、タープ2,200円、シュラフ800円、毛布350円、BBQ用網350円、BBQ用鉄板 350円、炭用トング150円など

店 売店

設備
管理棟、炊事棟、トイレ棟、シャワーコイン式3分200円(止水時タイマーは停止)、自由広場など

メモ
打ち上げ花火、音の出る機械、直火は禁止

●じょうもうこうげんきゃんぷぐらんど

上毛高原キャンプグランド

開設期間……4月1日〜12月中旬　予約受付　随時受付
TEL　0279-63-1760　URL　www.jomo-camp.com/

Camp Data

 オートキャンプ　 デイキャンプ　 宿泊施設　売店　食堂　 レンタル

AC電源　水洗トイレ　シャワー・風呂　遊び場　風呂・温泉　Wi-Fi

ここがおすすめ

親子で楽しむメニュー

スポーツ	●釣り　●すもう大会
スクール	●ピザ教室
ネイチャー	●星観賞会
	●クラフト体験　●ビンゴ大会

キャビン、バンガロー、プチログのすべての建物にAC電源、照明、テーブル・イスがセット

**きれいな施設だから女性にも人気。
初心者から手ぶら利用者まで満足できる**

　群馬県湯星の森「高山村」にあり、関越道・渋川伊香保ICから約30分と便利。標高700mの星空はとてもきれいだ。洋式トイレすべてに除菌クリーナーをセットするなど、気になる水回りには特に「きれい・清潔」が心がけられている。近くに県立の天文台があり、子どもたちに好評。また、全水道施設に「温水」を完備しており、女性に喜ばれている。初心者から手ぶらの利用者まで満足のキャンプ場だ。

星空が近く見える。月のクレーターもまぶしいくらいよく見える

アクセス＆マップ

住所
群馬県吾妻郡高山村中山6766-1

コンビニ情報
セブンイレブンまで車で約7分。

関越自動車道・沼田ICから、国道120号線、国道145号線を経由、オリエント工場手前T字路を右折、高山ゴルフ倶楽部方面へ。沼田ICから約30分。

利用料金

| 入場料 | 無料 |
| 駐車料金 | 無料 |

サイト料金
オートサイト(5名)/4,500円〜、ACサイト(5名)/5,500円〜、バンガロー(5名)/15,500円〜、キャビン(4名)/16,000円〜
※レギュラー料金

INFORMATION

チェックイン	14:00〜
チェックアウト	〜12:00
管理人	8:00〜21:00

レンタル
ドームテント(4〜5人用)3,000円、ヘキサタープ2,000円、シュラフ800円、イス300円、毛布500円など

店　売店(9:00〜当日の露天風呂が閉まるまで)

設備
管理棟、ドッグラン、露天風呂(男女別)無料。家族風呂有料(要予約45分・1,500円)

メモ
超過料金は1人定員オーバーにつき1,000円(10歳以下は追加料金なし)

●すかいばれーきゃんぷじょう

スカイバレーキャンプ場

開設期間……4月中旬～11月中旬　**予約受付**　GWは2月1日から、夏休みは6月1日から受付

TEL 090-2231-5903
(0554-52-2578)

URL www.skyvalleycamp.com

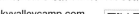

Camp Data

 オートキャンプ デイキャンプ 宿泊施設   食堂 レンタル

 AC電源 水洗トイレ シャワー・風呂 遊び場 風呂・温泉

**ここが
おすすめ**

親子で楽しむメニュー

スポーツ	●水遊び
スクール	●なし
ネイチャー	●ホタル観賞

川のせせらぎ音と自然のささやきが五感を刺激。大自然の宝箱とも称される

設備が清潔に保たれ充実。
子どもは水遊びを思う存分楽しめる

　オーナーの人柄と、自然環境に癒やされると口コミで評判のキャンプ場。全室水洗トイレ付きバンガロー（6畳、8畳、大型ロッジ）、全サイト水道付きオートサイト、場内にはウォシュレット付きトイレを備え施設も充実。ジャグジーバスもあり、いつもきれいに保たれているので女性グループにもおすすめだ。またキャンプ場の中を渓流が流れており、子どもは水遊びを思う存分楽しむことができる。

近くの川は透明度が高く、子どもが遊ぶのに最適

アクセス&マップ

住所
山梨県南都留郡道志村11754-1

コンビニ情報
ヤマザキストアまで車で約15分。

中央自動車道・都留ICから、国道139号線、県道24号線、国道413号経由で約35分。河口湖ICからは、国道138号線へ。山中湖の湖畔の北側をまわり国道413号線へ。道志方面入り口で左折。河口湖ICから、約50分。

利用料金

入場料
小学生以上800円

駐車料金　無料

サイト料金
オート/全15区画・2,000円
バンガロー/全10棟・7,000円（6畳）、9,000円（8畳）、25,000円（山彦ロッジ）

INFORMATION

チェックイン　13:00～

チェックアウト　～11:00（テント）、～10:00（部屋）

管理人　24時間

レンタル
バーベキューコンロ1,000円、釜（2、3升）1,000円、釜（1升）600円、包丁100円、まな板150円など

店　売店

設備
風呂14:00～21:55（男女1時間交代、無料）

メモ
生ゴミ、ビン、アルミ缶、スチール缶以外のゴミは持ち帰り。打ち上げ型花火、爆竹、大きな音の花火禁止。手持ち花火などでも21:00以降禁止

高原

●おおのじふぁみりーきゃんぷじょう

大野路ファミリーキャンプ場

開設期間……3月〜11月（火曜休）　予約受付　随時受付

TEL **055-998-1567**　URL https://oonoji.co.jp

Camp Data

 オートキャンプ　 デイキャンプ　 宿泊施設　 売店　

 AC電源　水洗トイレ　シャワー　遊び場　風呂・温泉　Wi-Fi

ここがおすすめ

親子で楽しむメニュー

スポーツ	●釣り　●アスレチック
スクール	●なし
ネイチャー	●星観賞会　●虫捕り
	●ハイキング

富士遊湯の郷　大野路は霊峰富士のふもとに広がる広大な芝のキャンプ場。35,000㎡で国内一の広さを誇る

ゆったりとしたスペースで楽しめる。子どもたちに大人気の施設も盛りだくさん

　全面芝生のサイトからは雄大な富士の姿を眺めることができる。場内には男女別風呂も完備。ハイシーズン以外は区画なしのゆったりとしたスペースで存分にアウトドアライフを楽しめる。自然の素材を生かしたおもしろい遊びもいっぱい。子どもたちに大人気の野猿（手引きロープウェイ）は楽しさもスリルも満点だ。ほかにも長〜いすべり台やトンネル、ターザンロープなど盛りだくさん。

親子チャレンジ広場には、アスレチック施設が充実

アクセス＆マップ

住所
静岡県裾野市須山2934-3

コンビニ情報
ファミリーマートまで徒歩約3分。

東名高速道路・裾野ICから、国道24号線、国道469号線を経て現地へ。裾野ICから、約10分（約7km）。

利用料金

入場料
無料

駐車料金
2,200円

サイト料金
1泊1台5名まで5,500円、3泊目4,400円、ロッジ1泊11,000円（4名まで）、トレーラーハウス1泊11,000円（5名まで）

INFORMATION

チェックイン　10:10〜

チェックアウト　〜15:00

管理人
ハイシーズン中のみ常駐

レンタル
毛布500円、シュラフ1,000円など

店　食堂、売店

設備
AC電源12台、洗い場、富士山の湧水、露天風呂、自動販売機

メモ
直火、花火は禁止。チェックアウト〜10:00

静岡県
富士宮市

高原

●ぴかおもてふじ

PICA表富士

開設期間……4月～11月　予約受付　WEB予約

TEL **0555-30-4580**（PICAヘルプデスク）　URL　https://www.pica-resort.jp/omotefuji/

Camp Data

 オートキャンプ
 デイキャンプ
 宿泊施設
 売店

 レンタル

 AC電源（一部）
水洗トイレ
シャワー・風呂

ここが
おすすめ

親子で楽しむメニュー

スポーツ	●ハイキング
スクール	●なし
ネイチャー	●バードウォッチング

フリーテントサイトが2カ所。森林から眺める富士山は絶景

標高1,200mの眼下には駿河湾の夜景。
「朝霧高原まかいの牧場」では触れ合い体験も

　富士山の2合目、標高1,200mに位置するキャンプ場。眼下には駿河湾の夜景、見上げれば満天の星空が広がる。本格的なキャンプを楽しめるテントサイトやコテージから、雨の日でも安心の屋根つきセットアップテントサイトまである。また、「朝霧高原まかいの牧場」を訪れれば、動物たちとの触れ合い体験も。緑いっぱいの森林に囲まれてのんびりと自然に溶け込みながら、本格的なアウトドアを満喫しよう。

セットアップテントサイトは、初心者にも安心の備品つき

利用料金

入場料
無料

駐車料金
無料

サイト料金
テント/1,000円～
オート/3,000円～
※テント、オートを合わせて約65サイト
コテージ/全20棟・2,800円

INFORMATION

チェックイン　14:00～
チェックアウト　7:00～
管理人　7:00～21:00
レンタル
ドーム型テント4,000円、ランタン（ガソリン）1,200円、ツーバーナーコンロ（ガソリン）1,700円、アウトドアテーブル700円、鍋セット1,000円、皿セット700円、タープ2,000円など
店　　売店
設備
トイレ、炊事棟、シャワールーム、ゴミステーションなど
メモ
料金はシーズンによって変動。ペットOK

アクセス&マップ

住所
静岡県富士宮市粟倉2745
コンビニ情報
なし。

東名高速道路・御殿場ICから、富士山スカイライン経由して、約45分（約22km）。

松原湖高原オートキャンプ場

●まつばらここうげんおーときゃんぷじょう

開設期間……4月末 ～10月末　**予約受付** 要予約

TEL 0267-93-2539　**URL** http://www.matsubarako-kogen.jp

Camp Data

 オートキャンプ
 デイキャンプ
 宿泊施設
 売店
 レンタル

 水洗トイレ　シャワー・風呂

ここがおすすめ

親子で楽しむメニュー

スポーツ	●パターゴルフ ●マレットゴルフ　●ミニ遊歩道
スクール	●なし
ネイチャー	●なし

八ヶ岳裾野の広大なグリーンゾーン。フリーサイトは広いので開放感がある

夏でも涼しく快適！　静かな高原

八ヶ岳の裾野に広がるグリーンゾーン。予約不要だから週末に気軽に出かけられる

　八ヶ岳山麓の標高1,200mに広がる高原の森にカラフルなテントが並ぶ。コインシャワーや洗面所、売店などの設備に加えレンタル用品も充実。オートキャンプ場に関しては、予約不要のフリーサイトだから週末に気軽に出かけられるのも◎。近隣（徒歩約10分）に日帰り温泉「八峰の湯」がある。岩盤浴などが楽しめて人気。キャンプ場利用者なら4割引でお得に利用できるので、ぜひ訪れては。

ハンモックを張ってのんびり過ごすことができる

アクセス&マップ

住所
長野県南佐久郡小海町大字豊里5918-2

コンビニ情報
車で約10分。

上信越自動車道・八千穂高原ICから、国道141号経由で約20分。または、中央自動車道・小坂ICから、国道141号で経由約60分。

利用料金

| 入場料 | 無料 |
| 駐車料金 | 無料 |

サイト料金
キャンプサイト/車1台テント1張り5,000円～、バンガロー/6,000円～、貸別荘/全6棟・15,000円～（5人用～）、コテージ/全10棟・20,000円～（4人用～）

INFORMATION

チェックイン
キャンプサイト 8:30～
その他宿泊施設 14:00～

チェックアウト
キャンプサイト ～17:00
その他宿泊施設 ～10:00

管理人 8:30～17:00

レンタル
BBQセット、イス、机、LEDランタンなど

店 売店

設備
コインランドリー（洗濯機300円、乾燥機300円）、コインシャワー7分・200円

メモ
レンタル品貸し出しは17:15まで。それ以降は貸し出し不可。希望の場合は早めに手続きを

●まだらおこうげんどんぐりむら

斑尾高原どんぐり村

開設期間……5月～10月末　予約受付　利用日の3カ月前から受付

TEL **0269-64-3751**　URL　www.dongurimura.jp/

Camp Data

オートキャンプ　　宿泊施設　　　　食堂　　レンタル

水洗トイレ　　　　　　　　風呂・温泉　Wi-Fi

ここがおすすめ

親子で楽しむメニュー

スポーツ	●ラフティング　●カヌー ●フィッシング
スクール	●なし
ネイチャー	●ピザ作り体験

冬はスキー場として有名な斑尾高原にある自然豊かなキャンプ村

信州牛などの厳選したBBQ食材を使用。貸切風呂や室内BBQ施設も人気

　斑尾高原スキー場近くに、オートキャンプ場、ファミリーロッジ、バーベキュー食堂どんぐり亭などが点在しているのが「どんぐり村」だ。手ぶらキャンプサイトは全2区画。アウトドアリビング内には「いろり」、外には「カマド」があり、天候に関係なくアウトドアが楽しめる。清潔な貸し切り風呂や室内BBQ施設、炊事場など設備が充実。予約すれば信州産の牛肉を使った炭火焼きBBQが楽しめる。

石窯を使った朝ピザ作り体験ができる

アクセス&マップ

住所
長野県飯山市斑尾高原のぞみが丘

コンビニ情報
車で約5分。

上信越自動車道・豊田飯山ICから、約20分（11km）。

利用料金

入場料
無料

駐車料金
無料

サイト料金
テント/全2区画・22,000円～
ファミリーロッジ/20,000円～
コテージ/30,000円～

INFORMATION

チェックイン
14:00～

チェックアウト
～10:00

管理人　24時間

レンタル
BBQ用網200円、BBQ用鉄板網300円など

店
売店、食堂

設備
貸し切り風呂（大人500円、小人400円）

メモ
ファミリーロッジの料金は素泊まりの場合。シーズンに応じて料金は変動。花火（手持ち含む）、大騒ぎなど周囲に迷惑となる行為は禁止

疲れがリフレッシュ！

温泉（露天風呂）がある

アウトドアの大自然を堪能しながら
温泉や露天風呂も楽しめる贅沢なキャンプ場！

　アウトドアでたっぷりと楽しんだ後は、温泉があればいいな、湯船に浸かって自然を楽しみながらのんびりしたいなと考えてしまいます。そんな希望に応えてくれるのが、温泉が付いたキャンプ場です。キャンプ場併設といっても大浴場や露天風呂、源泉掛け流しや美肌温泉など、温泉施設顔負けのお風呂も取り揃えているところも最近増えてきています。無料で入浴できたり、有料でも安い入浴料に設定されている施設が多いので、キャンプと温泉の両方を楽しめます。

　温泉付きキャンプ場での注意点は、入浴時間、石けんやシャンプーなどの備え付けはあるかどうか、また場所によっては休館日のある温泉施設付きキャンプ場もあります。予約前に必ず確認しておきましょう。キャンプに行って心身ともにリラックスしてみるのもよいでしょう。

●まんがんびれっじおーときゃんぷじょう

満願ビレッジ
オートキャンプ場

開設期間……通年（テントサイトは3月中旬から11月下旬）　予約受付　随時予約（オンライン予約あり）

TEL　**0494-62-4726**　URL　www.manganvillage.com/

手軽にキャンプを楽しみたい人のために
充実させた満足の施設

　奥長瀞（おくながとろ）の自然豊かな山林にある、アメリカンな雰囲気のキャンプ場。林間テントサイトのほかに、アメリカ製トレーラーハウスと木製トレーラーハウスが立ち並ぶ。アメリカントレーラーハウスは、大きさやペットと宿泊できる部屋が選べ、木製コテージも豪華で快適なものからデッキが広い本格トレーラー仕様や子どもに人気の大きな木製2段ベッドが装備されているものまで、種類も豊富。オシャレなリゾート気分を味わえ、充実した装備の中で手軽にキャンプが楽しめる。キャンプ用品のレンタルや販売、バーベキュー食材の予約も受け付けている。

ハンモックでゆったりとした時間を楽しめる

手ぶら度チェック!!

□テント
持参しよう

□調理用具
レンタルOK

□食材
持参しよう

□寝袋や寝具
持参しよう

□燃料類
購入OK

アクセス&マップ

住所
埼玉県秩父郡皆野町下日野沢3902-1

コンビニ情報
ローソン皆野店まで車で約5分。

関越自動車道・花園ICから、皆野寄居道路を経由、皆野長瀞ICから、最初の信号を県道348号線へ左折。三沢入口交差点で国道140号線へ。親鼻橋を渡り、すぐ左折。花園ICから、約45分（約30km）。

トレーラーハウスでの宿泊はリゾート気分で楽しめる

Camp Data

 デイキャンプ
 宿泊施設
 売店

  レンタル

 AC電源　水洗トイレ
 遊び場　風呂・温泉　Wi-Fi

季節に合わせたさまざまなイベントも開催中

利用料金

入場料	無料
駐車料金	無料

サイト料金
オート区画使用料/1,100円、2,200円
施設使用料/2,200円、3,300円
大人（中学生以上）2,200円、小人（3歳〜小学生）550円
トレーラーハウス/13,310円〜
木製コテージ/11,880円〜
デイキャンプ/7,920円〜

INFORMATION

チェックイン 14:00〜17:00（コテージ、トレーラーハウスは15:00〜17:00）

チェックアウト 〜11:00（コテージ、トレーラーハウスは〜10:00）

管理人 9:00〜18:00

レンタル ダッチオーブン2,200円、飯ごう550円、鍋440円、鉄板770円など

店 売店

設備 バーベキューガーデン

メモ 直火禁止。爆竹、打ち上げ花火など音の出る花火は禁止。手持ちのみ可（期間あり）。室内での火気取り扱い禁止。発電機の利用不可

ここがおすすめ

親子で楽しむメニュー

スポーツ	●ラフティング　●フィッシング
スクール	●なし
ネイチャー	●母の日・父の日のイベント　●キーホルダー作り

宿泊者は無料券がもらえる、隣接する満願の湯

疲れがリフレッシュ！　温泉（露天風呂）がある

隣接する秩父温泉　満願の湯で疲れを癒やす

　このキャンプ場ではさまざまな特典も用意されている。宿泊者には、秩父温泉・満願の湯の温泉入浴券がサービス。この満願の湯には、屋内Wi-Fiが完備された宿泊施設もある。また「ファミリー応援日」の期間中は、キーホルダー作りも開催され、母の日や父の日には、それぞれの似顔絵を描くとプレゼントがもらえるイベントもある。子ども連れにはうれしい企画が盛りだくさんだ（要確認）。

立ち寄りスポット

ウォーターパーク長瀞●ラフティングやライン下りがあり、秋から春にはフィッシング場もオープン。川遊びが満喫できる。●荒川ライン下り料金：大人1,800円、小人900円。満願ビレッジ利用者には割引特典あり　☎0494-62-5726

●ぴかちちぶ

PICA秩父

開設期間……通年　｜予約受付｜　WEB予約

｜TEL｜　**0555-30-4580**
（PICAヘルプデスク）

｜URL｜　https://www.pica-resort.jp/chichibu/

広大な敷地に充実の施設
初心者でも気軽に楽しめる

　PICA秩父は、連なる秩父の山並みを望む長尾根丘陵に広がる秩父ミューズパークの一角にある複合アウトドアリゾート。さまざまな用途によって選ぶことができる種類豊富なコテージは、なんと全100棟。コテージは冷暖房完備で、テラスではバーベキューも楽しめる。

　食事は森のダイニングとテラスでのバーベキューなど、さまざまなプランが選択できる。「焚火セットアップテントサイト」は、最大4名が宿泊できる。必要な備品がすべてそろっているので、初心者でも気楽にテント泊が可能だ。

森林に囲まれた中にあるコテージ。用途に合わせたコテージが各種用意されている

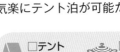テント
常設

調理用具
レンタルOK

食材
購入OK

**手ぶら度
チェック!!**

寝袋や寝具
備え付けあり

燃料類
購入OK

アクセス＆マップ

｜住所｜
埼玉県秩父市久那637-2
（秩父ミューズパーク内）

｜コンビニ情報｜
セブンイレブンまで車で約5分。

関越自動車道・花園ICから、国道140号線経由で、約40分（約37km）。中央自動車道・勝沼ICから、国道20号線、国道411号線、雁坂トンネル出口を通り現地へ。勝沼ICから、約90分（約75km）。

屋根付きテラスやハンモックが付いたアウトドア・オーベルジュコテージ

Camp Data

 宿泊施設　売店

AC電源　水洗トイレ　シャワー・風呂　遊び場　風呂・温泉

ここが
おすすめ

センターコテージにある森のカフェ&ダイニング。秩父名物や軽食が気楽に楽しめるテイクアウトコーナー

利用料金

入場料
無料

駐車料金
無料

サイト料金
コテージ/6,000円〜
（シーズンによって料金は変動）
セットアップテント/8,500円〜

INFORMATION

チェックイン　15:00〜

チェックアウト　〜10:00

管理人　7:00〜21:00
（変動あり）

レンタル
たき火台、ランタンなど各種あり

店
売店

設備
各部屋に、トイレ、シャワー、洗面台あり。施設内の入浴施設「樹音の湯」も利用できる。4月〜11月 15:00〜21:00（最終入場20:30）
12月〜3月 15:00〜20:30（最終入場20:00）

メモ
コテージ、常設テントサイトあり。オートキャンプサイトなし。ペットOK

親子で楽しむメニュー

スポーツ　●テニス
　　　　　　●アスレチック　●カート　●プール

スクール　●なし

ネイチャー　●なし

入浴施設「樹音の湯」は日帰り入浴施設としても利用できる

疲れがリフレッシュ！　温泉（露天風呂）がある

さまざまな施設を有効活用
アウトドアをさらに面白くする

　コテージ以外にも同じ秩父ミューズパーク内にあるテニスコート（1時間1,000円／宿泊者限定料金）、フットサルコート、多目的広場、プール（夏季限定）などアウトドアを満喫できる施設が充実しているのが特徴。また「樹音の湯」は、場内にある入浴施設で、自然に囲まれたログ調の建物を生かしたつくりで、森を感じながら入浴を楽しむことができる（宿泊者は無料）。

立ち寄りスポット

秩父ミューズパーク・スポーツの森●秩父の山並みを望む秩父長尾根の森にある。テニスコート46面、フットサル1面、多目的広場、プール（夏季）などさまざまなスポーツを楽しめる。●営業時間9:00〜17:00、水・木曜日定休　☎0494-22-8111

●だいごこういきこうえん おーときゃんぷじょう ぐりんゔぃら

大子広域公園
オートキャンプ場 グリンヴィラ

開設期間……通年 **予約受付** 3カ月前(1日)から。インターネットは2カ月前から

TEL 0295-79-0031 **URL** www.greenvila.jp/

初心者からベテランまで
さまざまなアウトドアスタイルに対応

　日本三名瀑のひとつ「袋田の滝」で有名な大子町にあるオートキャンプ場。キャンプサイトは、フリーにテントを張るフリーサイト、芝生が気持ちいいプライベートな個別サイト、キャンピングカーサイトなどがある。特にアルミボディの本格的アメリカンスタイルのトラベルトレーラー(エアストリーム)は炉付き東屋(あずまや)があり、雨の日でも安心してバーベキューを楽しめる。さらにバリアフリーで別荘感覚のファミリーキャビンやグループキャビンもあり、さまざまな人が利用できるようになっている。周辺ではハイキングからトレッキングまで自然を楽しめる。

広い場内にはさまざまなサイトが用意されている。写真はフリーサイト

 □テント レンタルOK □調理用具 レンタルOK □食材 持参しよう

手ぶら度 チェック!! □寝袋や寝具 レンタルOK □燃料類 購入OK

アクセス&マップ

住所
茨城県久慈郡大子町矢田15-1

コンビニ情報
セブンイレブンまで車で約5分。

常磐自動車道・那珂ICから、国道118号線経由。那珂ICから、約60分(約48km)。

温泉「ふれあいの湯」、入浴料は大人500円、小人300円

子どもたちが楽しめる遊具もある

Camp Data

 オートキャンプ　 デイキャンプ　 宿泊施設　　 食堂　 レンタル

 AC電源　 水洗トイレ　 シャワー・風呂　遊び場　風呂・温泉　 Wi-Fi

利用料金

入場料	無料
駐車料金	無料

サイト料金
個別サイト/6,700円
(冬期5,700円)
フリーサイト/4,200円
(冬期3,200円)
キャンピングカーサイト/7,700円
(冬期6,700円)

INFORMATION

チェックイン
13:00〜(テントサイト)

チェックアウト
〜11:00(テントサイト)

管理人 24時間

レンタル
ドーム型テント3,900円、タープ
2,700円、ペグセット400円、キャ
ンピングテーブル1,400円、キャン
プチェア600円、テントマット800
円、クッションマット500円、長机
500円、など　※燃料別

店 8:00〜21:00
(利用状況により変更あり)

設備
バーベキューサイト(5棟・有料)、
多目的ルーム(有料)、斜面利用
型アスレチック、テニスコート、など

メモ
ペットの同伴、直火、大きな音の出
るもの(カラオケ、ラジカセ)持ち
込み禁止。花火禁止。室内禁煙

ここがおすすめ

親子で楽しむメニュー

スポーツ	●テニス ●アスレチック ●水泳
スクール	●なし
ネイチャー	●ツリークライミング ●竜神大吊橋バンジージャンプ

広い場内を自転車で遊ぶ子どもたち

大子広域公園はさまざまなアクティビィティが楽しめる

　オートキャンプ場「グリンヴィラ」は、プールやテニスコート、多目的運動広場など、スポーツ施設も充実している大子広域公園の一角にある。多目的運動場近くには、遊具広場があり、温泉プール近くには斜面利用型アスレチックなど、子どもの遊び場も多く用意されている。キャンプ場内の広い敷地には余裕を持ったアスファルトの道路もあるので、子どもたちが自転車に乗って遊ぶこともできる。

立ち寄りスポット

大子広域公園フォレスパ大子●1年を通じて利用できる種類豊富な温泉プールがある。家族連れに大人気のスポット。●営業時間/10:00〜20:00(夏期は9:00〜20:00)、水曜日定休(夏期は無休)、入場料金：大人810円、小人500円　☎0295-72-6100

●こっこらんどなすえふしーじー

こっこランド那須F.C.G

開設期間……通年 **予約受付** 随時予約（ネット・電話・FAX・はがきで予約）

TEL **0287-77-2370** **URL** www.coccoland.com/
（メンテナンス休業の場合あり）

手軽にアウトドアキャンプ
幅広い層から支持を集める

　那須高原にあるこっこランド那須は、標高450m にあるキャンプ場。キャンプサイトは、ナラ、モミジ、サクラなどの広葉樹に囲まれたサイトと、那須岳が望める余笹川沿いのサイトがある。春にはお花見や渓流釣りが解禁となり、夏にはホタルや昆虫との出合いや余笹川での水遊び、秋には栗ひろいやサツマイモ掘りなど。そして冬は自然の醍醐味を味わいながら薪ストーブを利用したキャンプやスモーク作りを。四季を通してさまざまな楽しみ方で自然を満喫できる。子連れのファミリーはもちろん、シニアやカップル、ペット連れにも好評。

男女別の露天風呂は大人540円、小人320円で利用できる。貸し切りの家族風呂もある

アクセス&マップ

住所
栃木県那須郡那須町大島字清水場1031-1

コンビニ情報
セブンイレブンまで車で約5分。

□テント
レンタルOK

□調理用具
レンタルOK

□食材
持参しよう

手ぶら度 チェック!!

□寝袋や寝具
レンタルOK

□燃料類
購入OK

東北自動車道・那須高原SAスマートICから、約5分（約2km）。東北自動車道・那須ICから、約15分（約10km）。

林間のサイトと川沿いのサイトが選べる

Camp Data

 オートキャンプ デイキャンプ 宿泊施設 売店 飲食 レンタル

 AC電源 水洗トイレ シャワー・風呂 遊び場 風呂・温泉 Wi-Fi

子どもたちが楽しく遊べる遊具も設置されている

利用料金

入場料
無料

駐車料金
無料(2台目1,100円)

サイト料金
オート/100区画・6,050円〜14,200
円(5名)
A型トレーラーハウス/11,550円
トレーラーハウス/13,750円〜
いろりの小屋/17,050円〜(5名)
コテージ/26,180円〜

INFORMATION

チェックイン
13:30〜

チェックアウト
〜11:00

管理人
24時間

レンタル
テントコールマン4,400円、タープ
2,750円、テーブル770円、イス
550円、ガスランタン1,100円、鍋
330円、やかん330円、フライパン
330円、バーベキューコンロ1,650
円、まな板・包丁550円、シュラフ
550円、毛布260円など

店 売店

設備
管理棟、炊事場、自動販売機、露
天風呂、家族風呂、ランドリー、遊
具

ここがおすすめ

親子で楽しむメニュー

スポーツ	●ハイキング ●フィッシング ●カヌー ●登山 ●スキー
スクール	●なし
ネイチャー	●サツマイモ掘り ●栗ひろい ●ホタル観賞 ●昆虫採集

売店も併設しており、日用品以外にもここでしか買えないキャンプ場のオリジナルグッズを販売している

疲れがリフレッシュ! 温泉(露天風呂)がある

充実した施設の中には露天風呂や家族風呂まで

　川と緑に囲まれたこのキャンプ場では、四季折々の自然を体感することができる。春は芽吹きを迎えた山野草観察、夏はカブトムシやクワガタなど昆虫採集、秋は地元の食材でアウトドアクッキング。冬はアクセス抜群の近隣のスキー場でスキーに挑戦するのもいい。場内には露天風呂、貸し切りの家族風呂、コインシャワーと入浴施設も充実している。アウトドアを楽しんだ後のお風呂もまた格別だ。

立ち寄りスポット

那須どうぶつ王国●世界中から集められた約600頭の動物が生活する。屋内施設の「王国タウン」と牧場雰囲気の「王国ファーム」の2ゾーンを楽しめる。●営業時間10:00〜16:30(日祝は9:00〜17:00)。水曜日定休、料金2,400円　☎0287-77-1110

●きゃんぷ・あんど・きゃびんずなすこうげん
キャンプ・アンド・キャビンズ那須高原

開設期間……通年　**予約受付**　年度により変更あり（要確認、オンライン予約・電話予約）

TEL 0287-64-4677　**URL** www.camp-cabins.com/

子どもが安心して遊べる施設や装備が充実

　四季豊かな那須高原の中心に位置する、アメリカンエッセンスがいっぱい詰まったキャンプ場。「こどもにきゃんぷ」をテーマに子どもに安心、安全なキャンプを提案している。イベントや遊具も充実していて、キッズプレイサイトやツインキャビン「語らい」という区画には、専用の遊具がある。「キッズキャンプ・デイ」は、ファミリーと大人は2名まで。また、「PIZZA HOUSE」、「KOOBUTSUKOBO（鉱物工房）」、「akubi」（エステ）などの変わったお店もある。温水キッチンや親子トイレ、コインシャワー、無料のお風呂などの設備も充実。

管理棟のショップは品揃えが豊富。オリジナルの「CAMP Tシャツ」が人気

手ぶら度チェック!!

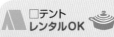 □テント レンタルOK

 □調理用具 レンタルOK

 □食材 購入OK

 □寝袋や寝具 レンタルOK

  □燃料類 購入OK

アクセス＆マップ

住所
栃木県那須郡那須町高久甲5861-2

コンビニ情報
セブンイレブンまで車で約5分。

東北自動車道・那須ICから、那須街道経由で、約7分（約4.7km）。国道4号線から、那須IC前を通り抜けても約15分程度。カーナビ設定の場合は電話検索（0287-64-4677）がおすすめ。

区画内に専用の遊具がある"キッズプレイサイト"が人気

Camp Data

 オートキャンプ デイキャンプ 宿泊施設 売店 食堂 レンタル

AC電源　水洗トイレ　シャワー・風呂　遊び場　風呂・温泉　Wi-Fi

利用料金

入場料　駐車料金
宿泊基本料金に大人2名、車1台が含まれる。18歳未満無料。ペット追加1,100円。大人3人目以降追加1,650円、車2台目以降追加1,100円

サイト料金
オートキャンプサイト/5,000円〜9,000円、キッズプレイサイト/7,000円〜11,000円、キッズプレイコテージ/28,000円〜37,000円

INFORMATION

チェックイン　14:00〜
チェックアウト　建物11:00、テント12:00もしくは13:00
管理人　24時間
レンタル
テント、タープ、ランタン、ダッジオーブン、鍋、包丁、まな板、など
店
売店、PIZZA HOUSE、鉱物工房、akubi（エステ）
設備
薪の無人販売、日用品、キャンプ用品、お酒、肉、電子レンジ、給湯器、温水キッチン、親子トイレ、コインシャワー、無料のお風呂（週末、連休のみ）、ドッグラン、KIDS PLAY GARDEN、じゃぶじゃぶ池、巨大オセロ、KIDS SPORTS LAND（ボール遊び広場）、屋根付きBBQ場、など

ここがおすすめ

場内にある「PIZZA HOUSE」の窯焼きピザ。お昼には1時間待ちになるほどの大人気

疲れがリフレッシュ！　温泉（露天風呂）がある

親子で楽しむメニュー

スポーツ　●SUP　●ツリークライミング　●スノーシュー
スクール　●鉱物工房のクラフト体験
ネイチャー　●沼ッ原湿原ハイキングツアー
●シャワークライミングツアー　●カヤックツアー

ツリークライミングをはじめとした季節ごとのアクティビティもおすすめ

子どもを楽しませるキャンプ場。イベントやいろいろな施設も豊富

　子どもを楽しませることに特化したキャンプ場。イベントや施設が充実しており、ファミリーキャンプのオアシスともいえる至れり尽くせりのキャンプ場だ。じゃぶじゃぶ池、KIDS PLAY GARDEN、KIDS SPORTS LAND、クリスタルハンター（宝石探し）、YAJIROBE（ヤジロベー）、巨大オセロなどの遊び場や、ハンバーガー作り、BINGOパーティー、季節のイベントも豊富に開催されている。

立ち寄りスポット

那須高原りんどう湖ファミリー牧場●アトラクションや牧場体験が楽しめるテーマパーク。ペダルカートや水上自転車、観覧車が人気。●営業時間／季節により変動。●入園料／中学生以上1,600円、小学生800円、3歳〜未就学児800円　☎0287-76-3111

●しおばらぐりーんびれっじ

塩原グリーンビレッジ

開設期間……通年　**予約受付**　随時受付（9:00〜16:30）

TEL 0287-32-2751　**URL** www.shiobara-gv.net/

広いキャンプ場の敷地には
スポーツ施設や温泉がある

　塩原グリーンビレッジは、那須塩原温泉郷の一角にあるリゾート気分を味わえる施設。2,500坪の広い敷地で自然を満喫できる。敷地の北側から北東には箒川（ほうきがわ）が流れ、南から南西にかけては山々が連なる。また塩原渓谷遊歩道もあり、周囲のハイキングコースの一部となっている。オートキャンプ場だけでなく、コテージやログハウスの宿泊施設から、テニス、フットサル、プール（夏季）などのスポーツ施設も充実。家族連れやカップル、グループなど、幅広い層が多く利用している。自家源泉かけ流しの温泉「福のゆ」や宿泊者専用の温泉「野天のゆ」もある。

別荘気分が味わえる、ログコテージ

手ぶら度チェック!!

□テント　レンタルOK

□調理用具　レンタルOK

□食材　購入OK

□寝袋や寝具　レンタルOK

□燃料類　購入OK

アクセス＆マップ

住所
栃木県那須塩原市塩原1230

コンビニ情報
セブンイレブンまで車で約10分。

東北自動車道・西那須野塩原ICから、湯の香ライン、塩原バレーラインを抜け塩原方面へ。西那須野塩原ICから、約18分（約13km）。

大小のサイトがあり、使用目的によって選ぶことができる。夜は幻想的だ

Camp Data

 オートキャンプ デイキャンプ 宿泊施設 売店 食堂 レンタル

 AC電源 水洗トイレ 遊び場 風呂・温泉 Wi-Fi

利用料金

入場料
中学生以上1,600円、3歳～小学生800円

駐車料金
無料（バイク専用サイトは550円）

サイト料金
オート/1,100円～7,700円（AC電源は+1,100円）
コテージ/4,100円～15,600円
キャビン/4,100円～11,500円

INFORMATION

チェックイン
13:00～

チェックアウト
～12:00

管理人 24時間

レンタル
ドーム型テント3,150円、タープセット2,100円、毛布610円、テントインナーマット320円、折りたたみテーブル530円、折りたたみイス320円、LEDランタン850円、卓上コンロ740円、バーベキューコンロ820円、など

店 9:00～17:30

設備
レストラン、バーベキューハウス、温泉、テニスコート、ミニフットサルコート、カラオケキャビン

メモ
ペットOK

ここがおすすめ

テニスコートが2面、ミニフットサルコートも2面ある

親子で楽しむメニュー

スポーツ ●カヌー ●フィッシング ●フットサル ●プール

スクール ●バギー

ネイチャー ●なし

疲れがリフレッシュ！温泉（露天風呂）がある

施設内にある「福のゆ」。自家源泉かけ流し100%の天然温泉が楽しめる

いろいろな施設が充実して1日では遊びきれない

　施設内にはバーベキューハウス、テニスコートやフットサル場、ちびっこ釣り堀、夏季限定の子どもプールなど盛りだくさん。キャンプ場横には塩原渓谷遊歩道・やしおコースがあり自然散策にはもってこい。数々の滝とつり橋も見ることができる。受付などがある多目的施設・ビレッジスクエアでは、キャンプ用品や食材、ドリンク類、レンタル品も充実しており、手ぶらでのキャンプも楽しめる。

立ち寄りスポット

千本松牧場●60種類以上の野鳥やリス、ムササビなど自然にあふれている。牧場のほかにもアーチェリーやパターゴルフ、乗馬、バンジートランポリンなども人気。ジンギスカンなども楽しめる。●営業時間10:00～18:00（どうぶつふれあい広場）入場無料 ☎0120-36-1025

●ぴかはつしま

PICA初島

開設期間……通年 | 予約受付 | WEB予約

TEL **0555-30-4580**
（PICAヘルプデスク）

URL https://www.pica-resort.jp/hatsushima/

波打ち際に建つ露天風呂で
お湯と一体化する水平線を眺める

　東京駅から、高速船に乗り継いで90分。「首都圏にいちばん近い離島」初島で、のんびりとした時間を楽しむことができる。施設内には、「アジアンガーデンR-Asia」、子どもも大人も楽しめるアスレチック「SARUTOBI」を併設。海底40mからくみ上げられたミネラル豊富な井戸水を使用した海泉浴「島の湯」に浸かれば、お湯と一体化して見える水平線を眺めることができる。防波堤や消波ブロックに閉じ込められた都会のベイエリアの海とは違う風景がそこに。360度海に囲まれた小さな島だからこそ、「まあるい海」に出合うことができる。

島気分を味わえるコテージ

手ぶら度チェック!!

□テント
テント張り不可

□調理用具
持ち込み不可

□食材
持ち込み不可

□寝袋や寝具
備え付けあり

□燃料類
たき火不可

海泉浴「島の湯」で湯船に浸かりながら地球の丸さを感じる

アクセス＆マップ

住所
静岡県熱海市初島1113

コンビニ情報
なし。

東名高速道路・厚木ICから、小田原厚木道路～真鶴新道～熱海ビーチライン～国道135号を経由し熱海港へ。厚木ICから約60分。高速船イル・ド・バカンス号で初島へ、約25分。入園口まで徒歩約10分。

Camp Data

宿泊施設　売店　食堂

AC電源　水洗トイレ　シャワー・風呂　遊び場　風呂・温泉

利用料金

入場料
無料

駐車料金
3,500円（1泊2日、以降1日追加ごとに1,750円追加）

サイト料金
コテージ/全16区画・13,000円〜

INFORMATION

チェックイン
14:00〜

チェックアウト
7:00〜

管理人
24時間

レンタル
ランタン、など各種あり

店
売店、食堂

設備
トイレ、バーベキュー場、何百種類もの亜熱帯の植物が生い茂る「アジアンガーデンR-Asia」（大人950円、小人550円）など

メモ
シーズンによって料金は変動。駐車場は、熱海港船舶待合所から徒歩10分の宿泊者専用駐車場、予約制）。すべての宿泊者分の用意はないので、熱海港隣接の市営駐車場なども利用

「SARUTOBI」は、コースや難易度はさまざまだが、特に腕力は必要ないので、子どもからシニアまで同じレベルで楽しめる

疲れがリフレッシュ！温泉（露天風呂）がある

ここがおすすめ

親子で楽しむメニュー

スポーツ	●なし
スクール	●なし

ネイチャー
●初島アドベンチャー「SARUTOBI」
●アドベンチャーアイランドVOTAN（ボウタン）
●「アジアンガーデンR-Asia」

「SARUTOBI」利用料は大人1,900円、小人1,500円

島を巡るアドベンチャー「SARUTOBI」に挑戦

　専用のハーネスを着用して樹の上を渡っていくヨーロッパで人気の自然体験施設。初級12コース、中級7コース、最後の約40mのジップスライドと計21個のアクティビティで構成。またコースの一部には遊歩道が沿っていて、樹の上に上らなくても下から応援でき、家族や仲間と一緒に楽しむことができる。約30分〜1時間の移動中は生い茂った木々の間を通過。冒険気分を存分に味わうことができる。

立ち寄りスポット

初島灯台●晴れた日には伊豆大島や三宅島、利島、新島、神津島が、伊豆半島から相模湾にかけては熱海、伊東、湯河原、小田原、江ノ島などが、遠くは房総半島まで見渡せるダイナミックな眺望。●営業時間10:00〜16:00、料金300円（中学生以上）

INさくいんEX

あ

青木湖キャンプ場＆アドベンチャークラブ
（長野県）......50

赤城山オートキャンプ場（群馬県）......74

足柄森林公園 丸太の森（神奈川県）......68

芦ノ湖キャンプ村レイクサイドヴィラ
（神奈川県）......55

有野実苑オートキャンプ場（千葉県）......70

いなかの風キャンプ場（長野県）......112

イレブンオートキャンプパーク（千葉県）......14

ウォーターパーク長瀞（埼玉県）......34

宇久須キャンプ場（静岡県）......66

内浦山県民の森（千葉県）......84

ACNオートキャンプ in 勝浦まんぼう（千葉県）......64

ACNサンタヒルズ（栃木県）......72

ACN信州伊那谷キャンパーズヴィレッジ
（長野県）......110

オートキャンプ ユニオン（千葉県）......12

大野路ファミリーキャンプ場（静岡県）......123

奥日立きららの里（茨城県）......18

小平の里キャンプ場（群馬県）......100

小田原市いこいの森 RECAMP おだわら（神奈川県）......82

オレンジ村オートキャンプ場（千葉県）......85

か

片品ほたか牧場キャンプ場（群馬県）......88

神之川キャンプ・マス釣り場（神奈川県）......28

川井キャンプ場（東京都）......54

北軽井沢スウィートグラス（群馬県）......98

キャンプ・アンド・キャビンズ那須高原
（栃木県）......136

休暇村妙高笹ヶ峰キャンプ場（新潟県）......116

くるみの森キャンプ場（群馬県）......120

CREST north karuizawa（群馬県）......20

群馬みなかみほうだいぎキャンプ場（群馬県）......87

ケニーズ ファミリー ビレッジ／オートキャンプ場
（埼玉県）......36

こっこランド那須F.C.G（栃木県）......134

古民家ファミリービレッジ キャンプ/バーベキュー場
（山梨県）......58

さ

沢城湖ハートランド牧場キャンプ場（長野県）......57

塩原グリーンビレッジ（栃木県）......138

上毛高原キャンプグランド（群馬県）......121

皇海山キャンプフォレスト（群馬県）......96

スカイバレーキャンプ場（山梨県）......122

スノーピークヘッドクォーターズキャンプフィールド
（新潟県）......78

sotosotodays CAMPGROUNDS（神奈川県）......83

た

大源太キャニオンキャンプ場（新潟県）......80

大子広域公園 オートキャンプ場 グリンヴィラ（茨城県） ……… 132

大自然に抱かれたキャンプ場 ウッドペッカー（山梨県） ……… 102

滝沢園キャンプ場（神奈川県） ……… 30

田貫湖キャンプ場南側テントサイト（静岡県） ……… 48

天子の森オートキャンプ場（静岡県） ……… 26

東京都立奥多摩湖畔公園 山のふるさと村（東京都） ……… 119

道志の森キャンプ場（山梨県） ……… 56

豊里ゆかりの森キャンプ場（茨城県） ……… 86

な

なかよしキャンプグラウンド（茨城県） ……… 38

那須いなか村オートキャンプ場（栃木県） ……… 92

ナラ入沢渓流釣りキャンプ場（栃木県） ……… 40

成田ゆめ牧場ファミリーオートキャンプ場（千葉県） ……… 16

新潟県立こども自然王国 ガルルの丘キャンプ場（新潟県） ……… 24

ネイチャーランド オム（山梨県） ……… 89

は

PICA表富士（静岡県） ……… 124

PICAさがみ湖（神奈川県） ……… 10

PICA秩父（埼玉県） ……… 130

PICA初島（静岡県） ……… 140

PICA富士ぐりんぱ（静岡県） ……… 106

PICA富士西湖（山梨県） ……… 44

PICA八ヶ岳明野（山梨県） ……… 104

PICA山中湖（山梨県） ……… 46

ふもとっぱら（静岡県） ……… 76

星の森オートキャンプ場（長野県） ……… 90

ま

斑尾高原どんぐり村（長野県） ……… 126

松原湖高原オートキャンプ場（長野県） ……… 125

廻り目平キャンプ場（長野県） ……… 114

満願ビレッジオートキャンプ場（埼玉県） ……… 128

みの石滝キャンプ場＆相模湖カヌースクール（神奈川県） ……… 32

無印良品カンパーニャ嬬恋キャンプ場（群馬県） ……… 42

無印良品津南キャンプ場（新潟県） ……… 52

メープル那須高原キャンプグランド（栃木県） ……… 94

モビリティーパーク（静岡県） ……… 108

森と湖の楽園Workshop Camp Resort（山梨県） ……… 22

ら

ロッヂ神戸岩（東京都） ……… 118

わ

ワイルドキッズ岬オートキャンプ場（千葉県） ……… 65

若洲公園キャンプ場（東京都） ……… 60

和島オートキャンプ場（新潟県） ……… 62

● 企画・編集	スタジオパラム
● Director	清水信次
● Editor & Writer	市橋照子
	高橋慎一
	島上絹子
	小田慎一
● Design	スタジオパラム
● Illustration	板垣光子
● Map	ジェオ

首都圏発 親子で行きたい！
ファミリーキャンプ場完全ガイド 改訂版

2023 年 3 月 30 日 第 1 版・第 1 刷発行

著　者	「首都圏発ファミリーキャンプ」編集室
	（しゅとけんはつふぁみりーきゃんぷへんしゅうしつ）
発行者	株式会社メイツユニバーサルコンテンツ
	代表者　大羽　孝志
	〒102-0093 東京都千代田区平河町一丁目1-8
印　刷	シナノ印刷株式会社

◎『メイツ出版』は当社の商標です。

ご意見・ご感想はホームページから承っております。
ウェブサイト　https://www.mates-publishing.co.jp/

編集長：堀明研斗　企画担当：千代 寧

※本書は2016年発行の『首都圏発　親子で行きたい！ ファミリーキャンプ場完全ガイド』を元に、
　内容の確認、情報更新を行い、「改訂版」として新たに発行したものです。